NON METTERTI COMODO

CAMILA RAZNOVICH

NON METTERTI COMODO

Benvenuti nell'era del cambiamento

PIEMME

Pubblicato per

PIEMME

da Mondadori Libri S.p.A.

Pubblicato in accordo con S&P Literary - Agenzia letteraria Sosia & Pistoia.

ISBN 978-88-566-9281-5

I Edizione ottobre 2023

Anno 2023-2024-2025 - Edizione 1 2 3 4 5 6 7 8 9 10

a Viola e Sole

Introduzione

Tutto è cominciato in un momento preciso, quando, durante il lockdown, mi sono ritrovata chiusa in casa con le mie figlie – con cui ero ben felice di trascorrere più tempo – e mi sono resa conto di quanto, fino ad allora, avessimo vissuto in una condizione estremamente protetta e comoda e di quanto fossimo impreparati ad affrontare quella situazione.

Per la prima volta abbiamo visto la morte in faccia e ci siamo dovuti confrontare con l'incertezza del domani, ci siamo resi conto nella maniera più violenta che forse il nostro tenore di vita ci aveva resi molli, tutti NOI, noi occidentali, noi viziati, noi benestanti, noi gente comoda. È stato allora che è iniziata a frullarmi nella testa questa idea della necessità di reimparare a stare scomodi, dell'importanza di uscire dalla zona di comfort in cui siamo felicemente scivolati dal dopoguerra a oggi. Com'era possibile che proprio io, che avevo avuto un'infanzia tutt'altro che comoda o rassicurante, viaggiando e cambiando scuola, paese e lingua praticamente ogni anno, che avevo dovuto imparare in fretta lo spirito di adattamento e di sopravvivenza (almeno quella emotiva), che proprio io fossi caduta nelle confortevoli spire del ricco mondo occidentale?

Quelle confortevoli spire, del resto, in quel momento mi permettevano di mangiare, lavarmi, dormire, restare aggiornata sulle pur terribili notizie senza rischiare che mi venisse tolto niente. Nonostante lo shock iniziale e le misure d'urgenza anti-Covid che pochi mesi prima sarebbero state concepibili solo in una puntata di *Black Mirror*, vivendo a Milano, in Italia, in Occidente, ero protetta. In tanti si sono sentiti al sicuro, ma in pochi forse se ne sono resi veramente conto. Pur correndo un rischio, pur trovandoci tutti al confine tra questa zona ovattata e il pericoloso ignoto rappresentato dalla possibilità di venire contagiati, in questa fragile terra di frontiera potevamo ancora dirci fortunati.

Così ho deciso di scrivere queste pagine anche per comunicare alle mie figlie un po' di quello spirito di adattamento e di sacrificio necessario per la vita, quell'esigenza di uscire dalla zona di comfort nella quale colpevolmente la mia generazione e io le abbiamo fatte crescere.

Da quella posizione fortunata – l'obbligo di restare a casa si è rivelato estremamente proficuo per riflettere – mi sono chiesta per quanto tempo ancora le mie figlie avrebbero potuto approfittare dei vantaggi a cui la condizione agiata permette di accedere, per quanto tempo il gigantesco divano a molle su cui tutto l'Occidente si è accomodato potesse reggere il peso di pandemie, cambiamenti climatici, sovrappopolazione, scarsità di risorse. La risposta che mi sono data ha creato uno squarcio nel divano, perlomeno nel mio: ancora per poco.

Questo senso di urgenza mi ha spinto a scrollarmi di dosso il torpore in cui ero finita mio malgrado. Era ora di alzarsi dal divano, darsi una scrollata e accogliere l'era del cambiamento!

1

L'adattabilità come motore "mobile" dell'evoluzione

Sembra ormai assodato che vivremo in un contesto mutato rispetto a quello attuale, e che il solo rialzo delle temperature ci imporrà scelte importanti e scomode: saremo costretti a sacrificare comportamenti e stili di vita, adattandoci a condizioni meno agevoli. Le rinunce che i nostri figli saranno chiamati a fare, proprio perché attuate a partire da una posizione di vantaggio e di benessere "eccessivo" – che sopravanza i nostri reali bisogni – si prospettano molto dolorose. Forse richiederebbero meno sforzo se non ci fossimo sollazzati eccessivamente su questo gigantesco divano a molle che ospita cittadini del mondo impigriti, noncuranti e strenuamente impegnati a mantenere il proprio *statu quo*.

Ma forse, mi sono detta, non è troppo tardi, si può ancora intervenire, si può raddrizzare la barra, si possono riparare i danni fatti, si può cercare di insegnare ai nostri figli l'arte della scomodità...

Così ho pensato di approfittare della mia amicizia con alcune persone eccezionali per cercare di ragionare insieme a loro sul concetto di zona di comfort e sulla pressante esigenza di individuare nuove strade, forse meno agevoli, per trovare un equilibrio con questo meraviglioso pianeta che ci ospita.

Il primo amico a cui ricorro è Telmo Pievani, con cui sono cresciuta anche a livello professionale in queste stagioni del programma di viaggi che conduco per Rai 3, il *Kilimangiaro.* Telmo è un filosofo della biologia ed evoluzionista, autore di un numero incredibile di pubblicazioni. Il suo sguardo mi aiuta a osservare il presente e poi a tornare indietro, lungo la linea dell'evoluzione, per capire da dove arriviamo e come siamo giunti fin qui.

Un aspetto che mi ha sempre colpito della teoria dell'evoluzione darwiniana, e che in qualche modo si ricollega anche alla mia infanzia, è che non sopravvive il più forte bensì il più adattabile. Questo concetto non è così immediatamente comprensibile, soprattutto quando si è bambini e tutto intorno suggerisce il contrario: è quello più forte o prepotente a essere rispettato maggiormente, così come è la più bella della classe a essere ammirata e a esercitare il suo fascino sulle altre compagne di classe.

La mia esperienza è stata differente. Sono cresciuta in una comunità di discepoli del maestro spirituale indiano Osho. I miei genitori viaggiavano moltissimo tra India ed Europa, perciò mi sono ritrovata, nei cinque anni delle elementari, a cambiare quattro scuole e a dovermi confrontare con quattro realtà diverse, in quattro paesi diversi, con quattro lingue diverse. Ogni volta, quindi, ho dovuto iniziare da capo, sviluppando – volente o nolente – la capacità di inserirmi nel nuovo contesto nel più breve tempo possibile. Senz'altro la mia infanzia non è stata ordinaria e questo nomadismo coatto non è stato sempre facile da affrontare, ma non l'ho mai considerata un'esperienza negativa, anzi. Obbligata a muovermi costantemente e a misurarmi con realtà diverse, il dover, fin da piccola, prediligere l'adattabilità alla forza, la capacità trasformativa rispetto a quella dimostrativa, si è rivelato una risorsa, soprattutto sul lungo periodo.

Forse allora non lo capivo, ma nella mia vita adulta ne ho preso piena consapevolezza, ed è questa esperienza che mi permette di osservare quel metaforico divano a molle da una prospettiva inusuale.

Credo che oggi sia sotto gli occhi di tutti il fatto che l'adattabilità sarà un ingrediente fondamentale nel futuro. La rete, infatti, ha accresciuto la potenzialità del cervello umano in una maniera che non ha eguali nella nostra storia. La nostra generazione, a cavallo tra quella nata nel dopoguerra, dei *baby boomers*, e quella Y, che ha inaugurato gli stroboscopici anni Ottanta, ha dovuto affrontare e adattarsi a un cambiamento stravolgente in tempi brevissimi, una rivoluzione che paragonerei, per importanza, soltanto alla scoperta del fuoco.

Ancora oggi stiamo davvero vivendo un momento di *history in the making* – siamo i protagonisti di un cambiamento epocale, che passerà alla storia e che probabilmente tra trecento anni verrà studiato come una trasformazione di enorme portata. Non riusciamo a prevedere le conseguenze di questa nuova tappa dell'umanità, ma mi sembra evidente che, tornando all'evoluzione, il concetto di forza in questo caso sia ben poco rilevante. Determinante, invece, per stare al passo e "sopravvivere", è e sarà la capacità di un individuo di adattarsi a questo nuovo modo di vivere: digitalizzazione, intelligenza artificiale, trasformazione del lavoro, capitalismo della sorveglianza. Questi saranno i temi complessi e ancora indecifrabili della nostra vita futura.

Agli esiti ancora incerti di questa rivoluzione si contrappone l'epilogo certo – e decisamente infausto – dello sfruttamento delle risorse del pianeta: la Terra non ce la fa più a sostenere il nostro ritmo, e i segnali d'allarme sono continui e piuttosto tonanti. Il Covid ne è stato un "illustre" esempio.

In questo scenario, mi sembra che la possibilità di stare comodi ci sia del tutto preclusa: sia per quanto riguarda la galoppante corsa delle nuove tecnologie, sia per quanto riguarda i temi legati alla decarbonizzazione. Infatti, nei prossimi anni dovremo stare con le antenne drizzate, muovendoci rapidamente verso gli obiettivi e dimostrando una capacità adattiva degna di quella dei nostri antenati. Come mi racconta Telmo, la capacità di adattarsi, nella storia dell'uomo, ha sempre rivestito una grande importanza per la sopravvivenza della nostra specie.

A livello evolutivo, infatti, «più si è specializzati per sopravvivere a una nicchia ecologica che è sempre uguale, ristretta, più si rischia l'estinzione. Più si è dentro la propria *comfort zone*, con un tipo di alimentazione precisa e non variata, più l'adattamento a un clima non è soggetto a troppi mutamenti, quindi non fa né troppo caldo né troppo freddo, più l'estinzione diventa probabile. Le specie più vulnerabili sono quindi quelle che si abituano a vivere in una nicchia molto specifica, mentre a resistere sono quelle al contrario più opportuniste e generaliste e che sono capaci di diversificare, uscendo dalla *comfort zone*. La specie umana in questo è un portento e deve la sua fortuna al fatto di non essersi adattata a una nicchia ecologica particolare».

L'adattamento all'ambiente è continuo, non può esistere un momento in cui si arriva a un punto e si dice «Fermi tutti, adesso qui mettiamo un bel fermo immagine», e così possiamo illuderci che niente cambierà e che staremo in questo pacificato stato di grazia per sempre. Purtroppo non si può fare, principalmente perché non è nella nostra natura farlo, visto che la capacità di saper cambiare, di trasformarsi, è l'altra faccia dell'adattabilità.

«Gli uomini sono quelli che, per ragioni peraltro ancora non chiare, hanno abbandonato la propria culla, l'Africa, uscendo subito dall'area di appartenenza. Probabilmente ci siamo ritrovati in un ambiente – non dissimile da quello odierno – instabile, imprevedibile, con un clima mutevole e le risorse che fluttuavano. Per sopravvivere, quindi, la migrazione si rese necessaria. A forza di lasciare la *comfort zone*, a forza di continuare a espanderci, abbiamo conquistato il mondo. Se si vuole sopravvivere non si può stare fermi, bisogna migrare, espandersi. I cacciatori-raccoglitori di un tempo arrivavano in un posto e si adattavano, ma poi c'era sempre un piccolo gruppo di esploratori che si staccava dalla comunità per perlustrare una nuova nicchia ecologica: già 45 millenni fa, per esempio, c'erano degli esseri umani nell'Artico, al Polo Nord, in Siberia settentrionale, ed erano africani, migrati dall'Africa 8000 anni prima. E la domanda che sorge spontanea è: perché sono andati a vivere a meno venti gradi sotto zero, lontani dalla loro *comfort zone* a cacciare mammuth lanosi? Però il punto è proprio questo, che noi siamo quelli che vanno a vivere in contesti estremi anche se non c'è ragione. Da un lato ci piace la sfida di adattarci, dall'altro lato siamo spinti a esplorare per trovare delle condizioni migliori, o più stimolanti.» Telmo si ferma. Sembra pensare a ciò che ha appena detto. Poi aggiunge, implacabile, nella sua tranquillità di intellettuale: «...abbandonando ogni volta la *comfort zone*».

Immagino sia chiaro a tutti il significato del verbo "abbandonare". Perché allora non lo facciamo anche noi, soprattutto visto e considerato che non ci troviamo nella Preistoria – quando il pianeta poteva ospitare, senza sentirsi offeso, numerose aree confortevoli, nell'abbondanza di spazio e risorse di cui disponeva – ma nel tempo presente, in cui per stare mollemente adagiati sul nostro divano in velluto facciamo pagare il prezzo a qualcun altro? Lo stato di grazia di cui sopra, infatti, oggi non è affatto gratis, senza considerare che nemmeno ci sforziamo di dire grazie a chi ci consente di mantenerlo.

Una piccola rivincita, però, se l'è presa uno dei continenti, industrialmente arretrato e oggi meta di nuovi slanci colonialisti, che paga il prezzo del nostro benessere – o perlomeno le molle del divano: l'Africa. Qui il virus, stando ai dati a disposizione, senz'altro parziali, ha prodotto un effetto meno devastante che in Occidente. Mi sono chiesta perché, se il sistema immunitario possa essere il responsabile di questa differente risposta al virus, se in qualche modo, anche in questo caso, la "mollezza" dei costumi occidentali e le nostre abitudini abbiano facilitato il lavoro del virus, che come noi non solo si adatta ma muta per meglio sopravvivere. Ho provato a fare varie ipotesi – inclusa quella della giustizia divina –, ma quando mi sono resa conto che la strada delle congetture stava diventando infinita, mi sono nuovamente rivolta alla mia "guida".

Telmo mi conferma che nel caso del Covid il comfort è stata una variabile talmente rilevante che le si potrebbe anche affibbiare un nome: "comfort immunitario". In buona sostanza, in un riuscito tentativo mimetico, i nostri anticorpi si sono messi troppo comodi: «Il sistema immunitario» mi dice «funziona infatti per allenamento, una parte è ereditaria, l'altra va acquisita durante la vita. Se si vive in un posto troppo igienico, troppo comodo, con poco stress per il sistema immunitario, quest'ultimo si indebolisce. Ormai si sa che le malattie autoimmuni e le malattie allergiche vengono sviluppate esclusivamente nelle grandi città e nei paesi ricchi. Non esistono nei paesi poveri, come in Vietnam, dove non sanno nemmeno cosa sia una malattia autoimmune, perché il loro sistema immunitario è costantemente, fin dalla nascita, abituato a rispondere ai batteri, ai microbi, al contesto ambientale. Quando, al contrario, in un individuo si sviluppa una malattia autoimmune è perché il sistema immunitario si rivolta contro se stesso, sostanzialmente impazzisce. A oggi nelle società del benessere le malattie autoimmuni sono una pandemia globale. Tornando invece all'Africa, il Covid ha colpito di meno per tre ragioni fondamentali: innanzitutto gli africani hanno un'età media inferiore a noi europei, che in confronto a loro siamo delle tartarughe, in secondo luogo non hanno l'abitudine di radunare le persone anziane, che non vengono messe tutte in un posto ma restano sparpagliate in vari villaggi. Da ultimo, il loro sistema immunitario è più forte, hanno già affrontato e combattuto altri virus, come Ebola o Mers.»

Se da un lato, però, le società del benessere si sono fatte trovare impreparate e più fragili quando il Covid ha bussato alle loro porte rispetto alle società meno sviluppate sul piano economico, perché il nostro sistema immunitario era comodo da troppo tempo, dall'altro le popolazioni povere del pianeta, in grado di resistere meglio alla pandemia, «poi muoiono di dissenteria o difterite, malattie che noi società sviluppate risolviamo con una pastiglia. Un'ingiustizia colossale».

C'è un'altra evidenza scientifica che va a sostegno di questa "fragilità" occidentale dettata da una pigrizia diffusa: come sottolinea Pievani, «l'intestino delle popolazioni indiane o africane ha un microbiota, una sorta di ecosistema interno, molto biodiverso e molto robusto, al contrario quello di chi vive in paesi industrializzati o nelle città, che ha un microbiota pari a un terzo. Gli occidentali sono sostanzialmente andati incontro a una desertificazione dell'intestino. Vivendo in un contesto privilegiato, mangiando alimenti molto igienizzati e sterilizzati, facendo un utilizzo massiccio di antibiotici, non si sono accorti di essersi indeboliti».

Assistiamo quindi a un paradosso degno di quello di Achille e della tartaruga: «Da un lato l'evoluzione complessiva di una società non garantisce la capacità di far fronte ai problemi e ai cambiamenti; dall'altro a uno sviluppo economico minore e a condizioni di vita igienico-sanitarie più basse, condizioni che obbligano una popolazione a lottare costantemente per sopravvivere, può corrispondere una capacità più alta di resistere a virus e batteri».

È come se i virus e i batteri ci facessero scontare la comodità di cui abbiamo goduto sin qui, quasi avessero un fiuto pazzesco per individuare le aree di comfort terrestri. Lì trovano infatti una minore resistenza, in cui diventa più semplice introdursi. D'altro canto, resta vero, però, che per combatterli, è necessario un alto livello di conoscenza e competenza scientifica o perlomeno, come è stato durante il Covid, la possibilità di mettere a punto soluzioni in tempi rapidi: «Un comfort economico più alto implica un'evoluzione scientifica e medica più elevata. Di fatto, quindi, sono lo sviluppo culturale e la ricchezza della società nel loro complesso a garantire l'evoluzione, rendendo possibili le scoperte tecnologiche che a loro volta sono in grado di migliorare la qualità di vita e consentire di progredire verso nuove, ulteriori scoperte».

Per vivere sul pianeta, del resto, non serve tutto quello che abbiamo costruito e prodotto fin qui: alcune popolazioni hanno resistito stoicamente in grandissima povertà per secoli, senza poter fare affidamento su una buona scolarizzazione, sanità, cultura, vivendo in condizioni di privazione e lotta costanti, ma in più stretto contatto con l'ambiente. Come per il caso del microbiota "irrobustito", in un certo senso, possono vantare una resistenza e un'elasticità maggiore della nostra, scollati dalla natura e abituati a sollazzarci nel nostro piccolo universo artefatto, in cui ormai l'offerta eccede la domanda, nonostante schiere di *copy* si sforzino ogni giorno per rendere accattivanti e desiderabili prodotti perfettamente inutili.

Sono dati che ci mettono in discussione, come società. Qualcosa abbiamo sbagliato. Il vantaggio iniziale che abbiamo guadagnato in termini di benessere e sviluppo, e che ci ha permesso di evolvere, a un certo punto si è trasformato in una trappola. Cos'è successo? Ci siamo abituati a stare molto comodi, ne abbiamo fatto l'obiettivo unico del nostro presente e del nostro futuro, senza accorgerci che stavamo camminando su una lastra di ghiaccio molto sottile, niente affatto sicura. Non siamo stati in grado, come società, di andare oltre quell'enorme conquista raggiunta nel dopoguerra che riassumiamo con la parola benessere, una stabilità che si può declinare in un sistema democratico il più delle volte funzionante, nella possibilità per tutti di curarsi (almeno in Europa, e le cose stanno cambiando), in una rete stradale e dei trasporti che ci consentono di muoverci ovunque, in case in cui non manca niente, nella possibilità per tutti di studiare e fare ricerca, in tecnologie che, dalla lavatrice al tablet, ci agevolano in tante attività quotidiane. Non siamo riusciti a vigilare sulle conseguenze di queste "facilitazioni" né tantomeno a spingere lo sguardo oltre per guadagnare una prospettiva più ampia e poter così indirizzare le nostre energie ben coltivate verso obiettivi utili alla collettività. Per la nostra comodità, in sostanza, abbiamo rinunciato a ragionare sul presente in maniera complessa e a rilanciare il futuro in modo etico e intelligente.

Non solo, non siamo stati in grado di avvantaggiarci di ciò che il nostro livello tecnologico ci ha permesso in termini di qualità di vita. O meglio, siamo riusciti solo in parte a ridurre disuguaglianze e povertà, la promessa sottesa alla rivoluzione tecnologica. O forse, semplicemente, ci siamo concentrati soltanto su un obiettivo minimo che ha il sapore di un oltraggio agli dèi, cioè quello dell'eterna giovinezza, e abbiamo perso totalmente di vista parametri e obiettivi reali, concreti. Tesi a nutrire un inflazionato delirio di onnipotenza, abbiamo trascurato e danneggiato l'ambiente in cui siamo immersi, la terra su cui poggiamo i piedi, l'ecosistema che ci accoglie e ospita. Il fatto che il Covid abbia colpito così duramente i paesi più sviluppati e occidentali, a ben vedere, suona come lo squillo di tromba di un angelo terrorizzato e preoccupato per la nostra sorte.

La pandemia infatti ha rappresentato un monito importante, ricordandoci innanzitutto che il concetto di privilegio è del tutto effimero: siamo tutti mortali, indipendentemente dal luogo di nascita. Il virus, forse ancor più della guerra, mette nello stesso reparto di ospedale, sotto gli stessi caschi, ricchi e poveri, furbetti e brave persone, cristiani, ebrei, musulmani. Visto che noi non siamo stati in grado di ragionare in modo sistemico, il pianeta che ci ospita ci ha mostrato in modo molto chiaro come una "fuga di virus da laboratorio" o un apparentemente innocuo *spillover,* cioè il salto di specie, in brevissimo tempo possono diventare non solo un problema di tutti ma anche un problema da risolvere insieme. Prova ne sono state le immagini che scorrevano sui nostri schermi, pressoché identiche in tutto il mondo, la soluzione del vaccino e la corsa concertata a trovare nel più breve tempo possibile la formula valida così come l'utilizzo delle mascherine. Ci sono anche stati splendidi episodi di solidarietà internazionale, come il gruppo di medici e infermieri cubani giunti in Italia per darci una mano durante una delle fasi più acute di contagio.

In secondo luogo, il Covid ci ha ricordato che siamo viziati e che, a furia di stare molto comodi, il "divano" ormai ha preso la forma del nostro corpo. Inizialmente potrebbe sembrare un benefit ulteriore, una fusione totale tra noi e il nostro involucro, ma poi quando ha cominciato a farsi sentire la molla in ferro, è emerso anche un "fastidio", che nel tempo si è trasformato in un dolore da curare presso l'osteopata – e si sa che tutti gli osteopati del mondo invitano a mantenersi attivi attraverso il movimento, ciascuno in base alle proprie capacità. Già positivo, quindi, con gli arti intorpiditi e anchilosati, riuscire ad alzarsi per andare a farsi trattare. Se così non fosse, il divano potrebbe a un certo punto animarsi e decidere di divorarci, come in una scena da film dell'orrore. Un bello shock, non troppo distante dalla realtà, visto che per tante persone, durante la pandemia, il passaggio è stato dal divano a un letto di ospedale o si è tradotto tragicamente in una saracinesca chiusa per sempre.

Ma sono questi, nelle società occidentali benestanti, gli unici accadimenti per cui, a mio avviso, ci si può davvero lamentare: la perdita di un proprio caro, l'atrocità di morire da soli senza la vicinanza dei parenti, la perdita del lavoro, la violenza domestica. In tutti gli altri casi e per chi, come me, si è trovata fermata dai vigili perché si trovava a 90 metri da casa mia, quando il limite era di 80 metri, non c'è spazio per la sezione reclami. Commiserarsi seriamente, infatti, significherebbe, ancora una volta, perdere di vista lo scenario complessivo mondiale, dove i focolai di guerra si accendono in continuazione, milioni di persone fanno la fame e i campi profughi pullulano di orfani. Non è retorica, è realtà, e in questa realtà sarebbe doveroso prendere coscienza del fatto che il nostro privilegio è innanzitutto un'opportunità, non una condizione perpetua.

Se i traumatizzati siamo noi, costretti in casa per tre mesi, come dovremmo chiamare i bambini nei campi profughi in Siria, oppure i profughi somali che vivono nelle città-prigione di Dadaab in Kenya, o quelli che devono attraversare il Mediterraneo in gommone? Perdere di vista i parametri di riferimento può essere pericoloso, ed è proprio in momenti così che è importante mantenersi lucidi e trovare soluzioni.

Capisco che vittimizzarsi possa essere un modo per non affrontare la realtà, per non assumersi la responsabilità come collettività di quello che succede, ma di fatto perdere la misura significa perdere la visione, o quantomeno offuscarla. E quando la vista, la visione, si annebbia, quasi sempre si va a sbattere, come sono destinati a fare i personaggi dipinti da Pieter Bruegel il Vecchio nella *Parabola dei ciechi*.

E a sbattere in parte ci siamo già andati, se consideriamo il dato riportato dall'OMS secondo cui, a partire dallo scoppio della pandemia, c'è stato un aumento del 25% di stati depressivi e ansiosi, anche tra gli adolescenti. Senz'altro in parte è giustificabile, ma mi chiedo anche se non possa essere riconducibile al fatto che fossimo così impreparati psicologicamente ad affrontare una simile calamità, impreparazione a sua volta legata a una sorta di assuefazione al benessere e alla sicurezza. Potrebbe essere un indice di quanto siamo stati troppo a mollo nell'ammorbidente.

Mi piace pensare che non butteremo via niente dell'esperienza della pandemia e che anzi possa rappresentare un primo passo verso un cambio di visione, necessariamente più allargato, che inquadri e risolva i problemi in modo planetario e non campanilistico.

È al futuro, infatti, che dobbiamo guardare, e gli interrogativi sono tanti. Sul piano evolutivo, invece, per quel che riguarda le potenzialità e i pericoli prodotti dalla tecnologia, non abbiamo ancora dei riscontri certi. È troppo presto. Sull'intelligenza artificiale, per esempio, come ricorda Pievani, «non ci sono delle evidenze scientifiche che supererà evoluzionisticamente il cervello umano, la sperimentazione è ancora in corso. La rivoluzione tecnologica interessa due generazioni, e non è ancora avvenuto il cambio di guardia», senza considerare che si tratta di una rivoluzione in accelerata che, al pari di Saturno, divora i propri figli più vecchi e, come se non bastasse, ne immette di nuovi sul mercato. Al momento ci sono delle tendenze. Abbiamo delle avvisaglie, alcune inquietanti, come per esempio l'utilizzo delle tecnologie come delega. La digitalizzazione sta prendendo il sopravvento e – volenti o nolenti – siamo costretti ad affidarle attività che prima dipendevano interamente da noi. Spesso deleghiamo al tablet il compito di intrattenere i nostri figli, al navigatore quello di portarci alla destinazione prescelta, a una determinata app di riconoscere un brano musicale, e nel fare questo perdiamo capacità che avevamo sviluppato nel corso della nostra evoluzione. Uno studio della McMaster University, per esempio, ha dimostrato che per orientarsi nello spazio serve allenamento, e sono in pochi ai giorni nostri che usano ancora la cartografia per muoversi. Potremmo correre il rischio, a lungo andare, di perdere la nostra capacità di orientarci e saremo costretti a ricorrere agli strumenti digitali, o forse è già così.

Guardare al futuro significa moltiplicare i punti di domanda, aprire le porte all'incertezza. Mi chiedo spesso cosa accadrà e come sarà l'uomo tra cento, duecento anni, da madre cerco di immaginare cosa toccherà in sorte alle mie figlie e ai miei nipoti, se ne avrò. Mi interrogo su quali cambiamenti la società occidentale dovrà affrontare, se avrà ancora un senso, tra cento anni, parlare di "società occidentale privilegiata".

Da profana, la parola che associo al futuro è "elasticità". L'individuo umano futuro, secondo me, saprà infatti cambiare paese e lingua in modo fluido e con facilità, senza dover andare dallo psicologo perché è traumatizzato dal cambiamento. Certo, forse non dovremo spostarci nell'immediato per problemi di desertificazione, ma saranno i modelli economici e le conseguenti opportunità lavorative, unitamente agli stili di vita globalizzati, a indicarci la necessità di rimanere mobili sul territorio e con una *forma mentis* versatile.

È stata la rete che ci ha messo in contatto con persone di ogni parte del globo, che ci ha aperto nuovi scenari di interconnessione, abbattendo le distanze geografiche con la possibilità di avere contatti in un click. La società del futuro non può che essere più fluida dal punto di vista fisico-geografico, molto meno attaccata alle proprie radici. La contaminazione di etnie, cibi, culture, saperi, tradizioni sarà inevitabile. L'eccellenza, probabilmente, in un contesto iperconnesso e variato, non si misurerà più solo sulla scorta del titolo di studio conseguito. Non basterà più la laurea, o il master. Il mondo accademico continuerà a esistere, ma accanto e insieme a esso ecco che torneranno al centro l'esperienza umana, la conoscenza allargata dell'individuo, la sua storia, il suo passato: saranno questi elementi a fare la differenza. Al merito, alla meritocrazia, si affiancherà il vissuto, e questo non c'è scuola che te lo possa insegnare.

"Mobile", dinamica, avventurosa, così immagino la società del futuro. Non riesco a figurarmi uno scenario diverso, ogni volta che chiudo gli occhi vedo questa realtà, fatta di persone dinamiche, vivaci, adattabili, che non hanno un'impostazione culturale, linguistica ed educativa rigida. Ho fiducia che troveremo un modo per invertire la rotta di questa crisi climatica. È indubbio che le riserve le stiamo finendo noi, ma credo anche che l'unica cosa da fare sarà rimboccarsi le maniche e affrontare con coraggio le nuove sfide che si presenteranno.

Per timore di essere troppo condizionata dal mio vissuto, chiedo nuovamente a Telmo. Il mio amico allarga il campo.

Secondo lui, la specie umana si adatterà, come ha sempre fatto, ai cambiamenti – climatico innanzitutto – già disastrosamente in essere. «Noi privilegiati abbiamo cambiato il mondo plasmandolo per adattarlo a noi, ma adesso, giunti a questo punto, siamo noi che dobbiamo adattarci all'ambiente che noi stessi abbiamo plasmato. E visto che l'abbiamo impoverito – come è successo dal dopoguerra in avanti – ci sarà uno scotto da pagare, un costo che sta già gravando sulle nostre spalle. In fondo il paradosso, che vediamo nel microbiota, nelle malattie allergiche, nel riscaldamento climatico, è sempre lo stesso: noi abbiamo cambiato il mondo e adesso facciamo fatica ad adattarci ai cambiamenti che ci eravamo creati come *comfort zone*.»

Siamo già sopravvissuti a grandi catastrofi ma sempre pagando un prezzo altissimo, e questa volta non sarà diverso: «Ci aspetta una transizione costosissima, che peserà soprattutto sui paesi che non hanno contribuito alle emissioni – una grande ingiustizia. Abbiamo già i dati: da qui al 2050, un miliardo e mezzo di persone dovranno lasciare il posto in cui vivono a causa del riscaldamento globale. Ci saranno milioni di migranti ambientali che i privilegiati paesi occidentali dovranno gestire. Il riscaldamento climatico è una grande minaccia alla sicurezza dei ricchi, gli Stati Uniti l'hanno già capito».

I dati quindi li abbiamo già, quello che manca è l'accettazione del problema. Oggi tendiamo ad aggirare gli ostacoli e a stare con gli occhi bendati il più a lungo possibile, fino a quando non smotta il terreno e vengono giù intere case, come è successo a Ischia, case che chissà come sono state costruite dove non andavano edificate, oppure con l'alluvione in Romagna. È come se mancassero alcuni step fondamentali: la presa di coscienza e l'accettazione di uno scenario instabile, l'intervento preventivo qualora e laddove è possibile, uno sguardo strategico e soprattutto lucido nel trovare soluzioni di lungo termine che non siano troppo sbilanciate a favore di chi le propone, rivelandosi quindi smodatamente svantaggiose per qualcun altro, altrimenti l'accordo non si trova o prevale l'ingiustizia appena accennata da Pievani.

«Tutte le curve, la demografica, quella del riscaldamento climatico, dei cementi, delle plastiche, dell'intelligenza artificiale» continua Telmo «sono salite vertiginosamente a partire dal secondo dopoguerra. Adesso ci troviamo al punto più alto della curva e saranno guai se non riusciamo a farla abbassare un po', creando quello che anche nella fase acuta del Covid era chiamato "plateau", una "radura pianeggiante" che prelude alla discesa della curva. Per quanto riguarda l'intelligenza artificiale, siamo al *machine learning*, a macchine che imparano dall'esperienza, come abbiamo sempre fatto anche noi. Per ora non c'è nessuna prova che diventino più intelligenti di noi. L'intelligenza artificiale, proprio per i confini ancora vaghi delle sue possibili evoluzioni, viene spesso strumentalizzata, circolano tantissime *fake news* al riguardo.»

Non siamo più negli anni Settanta. So di essere fortunata a non aver mai vissuto una guerra in "casa mia" – e di case ne ho cambiate parecchie – ma per le mie figlie sono preoccupata, perché mi rendo conto che adesso si stanno rompendo nuovamente gli equilibri, «ed è proprio quando nel processo evolutivo accade questo, la compromissione dell'equilibrio guadagnato, che si è obbligati ad attuare grandi cambiamenti» ricorda Telmo.

Ci sono due aspetti da considerare. Il primo è etico: «L'eccesso di comodità, infatti, come abbiamo già visto, non solo non è funzionale dal punto di vista evolutivo, ma è ingiusto, perché è sempre e comunque a discapito di qualcosa o di qualcuno».

Il secondo è pedagogico. «L'uomo ha un cervello

plastico, non ci sono istinti prefissati, genetici, siamo una spugna che elabora, assorbe e si lascia plasmare dalle esperienze. I nostri figli sono nativi di una *comfort zone*, di un modo di pensare dove hanno sempre avuto tutto, non si sono mai dovuti conquistare niente, non hanno mai avuto un contesto di privazione, non hanno mai assistito a un'ingiustizia palese come veder morire un bambino per strada per malnutrizione. C'è un'assuefazione pazzesca: la guerra è fiction, i migranti che muoiono in barcone è fiction. Niente sembra toccare i giovani, la realtà li tocca meno del mondo digitale in cui sono immersi. La percezione, a distanza, è falsata, è appannata. Uno schermo gigante sembra frapposto tra loro e il mondo.»

La comodità, poi, ha indotto alcuni giovani a rinunciare all'idea che possano cambiare il mondo in prima persona. Vedo tanti ragazzi oggi con un atteggiamento rassegnato, con un'attitudine psicologica pericolosa. All'apatia che può caratterizzare i nativi comodi – e che è importante contrastare a livello educativo – fa da contraltare la fame di quelli che arrivano dal niente e che, carichi di aspettative da parte della famiglia che magari ha fatto grandi rinunce per garantire loro un futuro, o semplicemente forti di un bisogno di riscossa e di una determinazione formidabile, creano le grandi rivoluzioni. Si pensi a Steve Jobs piuttosto che a Leonardo del Vecchio, persone che non sono certo partite da una condizione avvantaggiata né tantomeno protetta, e che forse proprio per questo sono stati capaci di fare grandi cose, di conquistare nuovi avamposti.

Quando invece, come vale per tutte le società del benessere, sei in una *comfort zone* e pensi di rimanerci, a un certo punto è il futuro che arriva e presenta il conto, salatissimo. «Entro il 2050» ricorda Telmo «avremo tra i 2 e i 2,5 gradi in più. Quindi in Italia, per esempio, chi risiede in città vivrà sei mesi con l'aria condizionata e di conseguenza avrà un costo altissimo per l'elettricità. Come abbiamo recentemente avuto modo di realizzare, non possiamo dare per scontate le forniture di gas ed energia elettrica, tutto ciò che si trova alla voce risorse è passibile di ridursi, di scomparire, di diventare oggetto di contesa; l'acqua, che sinora non ci aveva messo di fronte al problema della sua eventuale indisponibilità, quasi fosse una signora prodiga e benevola, dovrà essere molto probabilmente desalinizzata a causa della siccità e sarà molto più sgradevole di quella che beviamo adesso. Torneremo tra un po' a essere più scomodi, non solo a livello teorico. Il bellissimo libro di Gaia Vince, *Il secolo nomade*, ipotizza che tra vent'anni torneremo tutti a migrare, dovremo imparare a riadattarci, perché sarà un secolo nomade per necessità, per mancanza di risorse: "La migrazione ci salverà, perché è la migrazione che ci ha resi ciò che siamo".»

Ogni volta che sento parlare di costruire muri e di respingere migranti – che oltre alla qualifica di "ambientali" ne hanno anche altre, come "vittime di guerra" o "rifugiati politici" – al confine, quando in Italia, ma anche all'estero, mancano persone che svolgano lavori che non possiamo o non vogliamo fare noi, rimango attonita e anche un po' infastidita.

Mi sembra assolutamente miope individuare nella tutela dei confini nazionali la risposta, quando invece questa va cercata nell'integrazione. Il vantaggio è da ambo le parti: noi forniamo loro un approdo sicuro, li sottraiamo agli orrori di cui sono testimoni e alla povertà che devono combattere, offriamo loro la possibilità di studiare e di crearsi una famiglia in un contesto sicuro, cercando di assicurargli una vita dignitosa, e loro in cambio ci prestano la forza lavoro. Il loro futuro a fronte di una risorsa per noi. Non possiamo fermare il vento con le mani, l'avvenire in parte è già scritto, il numero di migranti continuerà a salire. La strategia di rimandarli al mittente non sembra essere quella giusta, nemmeno a livello economico, e sarebbe bene non aspettare di trovare soluzioni quando ormai è troppo tardi.

È il futuro che arriverà e ci renderà scomodi, detronizzandoci dalla vetta di comodità a cui siamo giunti. La verità è che questo picco è insostenibile, stiamo vivendo a debito e il debito lo pagheranno i nostri figli – a cui toccherà in sorte una maggiore instabilità nel lavoro –, e dopo di loro i nostri nipoti.

Telmo non gira troppo intorno alle parole, perché i dati ormai ci sono e sono chiari: «Ragazzi, preparatevi a un futuro scomodo, impegnativo, sappiate che adesso vi trovate in una bolla temporanea, che presto scoppierà».

Continuiamo a rimandare, a non essere disposti a fare rinunce oggi per un futuro meno cupo domani. Il punto è che da qualcosa bisogna pur "iniziare a rinunciare" se si vuole ripartire. Come scrive il poeta Mark Strand: «Rinuncio. Rinuncio. / E voi non ne avrete neanche un po' perché io sto già / ricominciando / da zero»[1]. Forse sono partita a razzo, decisa come sono a non lasciare scampo alla *comfort zone*, e sicuramente dovrò ancora lavorarla ai fianchi, ma un giro di vite è già stato dato: rinunciare è un privilegio.

[1] books.google.it/books?id=LQWKDwAAQBAJ&pg=PT83&lpg=PT83&dq=%22E+voi+non+ne+avrete+neanche+un+po%E2%80%99+perch%C3%A9+io+sto+gi%C3%A0%22+mark+strand&source=bl&ots=qIy-qY52XHX&sig=ACfU3U005neyFCWFKofT5JWDPPwzMzOu1A&hl=it&sa=X&ved=2ahUKEwiR7L_O3_n_AhVaRvEDHcR1A-QQ6AF6BAgMEAM#v=onepage&q=%22E%20voi%20non%20ne%20avrete%20neanche%20un%20po%E2%80%99%20perch%C3%A9%20io%20sto%20gi%C3%A0%22%20mark%20strand&f=false

2
Educare alle avversità

Avevo solo dieci anni quando, nel pieno dell'anno scolastico, a dicembre-gennaio, mia madre improvvisamente mi annunciò, senza darmi troppe spiegazioni, che avrei dovuto spostarmi in un'altra comunità, in Inghilterra, da sola. Una decisione incontrovertibile che accolsi scoppiando a piangere, terrorizzata. Non volevo assolutamente partire e nemmeno dover abbandonare le mie compagne di classe. E poi temevo di non riuscire, al mio rientro in Italia, a superare l'anno scolastico. Ricordo che, ancora in lacrime, fui avvicinata da un ragazzino della comunità che mi rassicurò. Era una prova, a suo dire, che avrei superato brillantemente, senza perdere l'anno, tornando anzi più saggia, matura e cresciuta delle mie amiche che avrei ritrovato al mio ritorno. Mi sottolineò gli aspetti di sfida, novità e cambiamento che il viaggio implicava come fossero fattori positivi e arricchenti. In effetti andò così. Il mio solitario soggiorno in Inghilterra durò quattro lunghi mesi e quando tornai mi buttai a capofitto nello studio per preparare l'esame di quinta elementare, che a quel punto non mi sembrava più così mostruoso – l'avversità più grossa era proprio stata quella di partire, di lasciare quello che avevo senza sapere cosa avrei trovato. Tutto andò per il meglio: uscii con Ottimo, e fui contenta di rivedere le mie amiche. Il ragazzino aveva ragione: quella sfida mi ha arricchito la vita, è stata un'esperienza educativa che mi ha formata, mi ha rafforzata, e che in qualche modo ha anche spostato il mio limite un po' più in là. Mi portavo a casa, a soli dieci anni, già una bella conquista in termini di indipendenza, autonomia e autostima. Sicuramente come prova per una bambina di quell'età è stata un po' troppo dura, era troppo presto. I miei genitori hanno fatto un vero e proprio azzardo a spedirmi in Inghilterra, e da madre non riserverei un'esperienza simile alle mie ragazze. In ogni caso, non tutto il male vien per nuocere: ce l'ho fatta, e ne sono uscita più forte. Quel viaggio mi ha cambiata in meglio.

Forse proprio perché sono stata educata in modo così particolare e anticonvenzionale, e perché da madre ho avuto modo di capire quanto è importante svolgere questo compito al meglio, il tema dell'educazione mi sta molto a cuore. Lo scenario attuale – come abbiamo visto – non è roseo, e i giochi in parte sono già stati fatti. Allora come fare a trasmettere alle mie figlie, ai nostri figli, la consapevolezza che il loro futuro sarà tosto e che dovranno lottare e guadagnarsi il proprio posto nel mondo? Come ridestarli dal torpore in cui noi stessi li abbiamo cresciuti, come metterli alla prova senza stravolgere troppo le loro coordinate? Un po' della durezza e dell'inflessibilità di vecchia scuola ci vuole, la stessa che – il mio racconto ne è una prova – i nostri genitori e i nostri nonni, cresciuti in un contesto di privazione maggiore rispetto al nostro, ci hanno impartito e trasmesso, e grazie a cui oggi noi, benché generalmente più privilegiati di loro, non vacilliamo al primo refolo di vento.

Forse non aveva torto un mio amico francese quando un giorno mi ha detto, rispetto ai figli: «Il faut les frustrer» (bisogna frustrarli). Mi rendo conto che iniziare un capitolo sull'educazione genitoriale mettendo al centro la scomodità e la parola frustrazione è come minimo anticonvenzionale e mi espone potenzialmente alla gogna fin da subito, ma spero che il racconto della mia infanzia possa anche rassicurare: non arriverò a simili azzardi, cercherò solo di prendere il meglio di ciò che un'educazione un po' più "siberiana" può offrire.

In ogni caso, corro il rischio della gogna volentieri perché sono convinta che, tolto o diminuito l'ammorbidente, non avremo dei figli infeltriti, avremo solo dei figli più pronti a fare i conti con la realtà.

E corro questo rischio fin da subito perché parlare di educazione e metterla al centro del nostro ragionamento è uno dei modi migliori per addentrarsi nella classe multiaccessoriata del maestro della comodità: Mr. Comfort.

Me lo immagino come un precettore pigro e diseducativo che nella sua classe al posto dei libri tiene i balocchi, e che invece di invogliare i suoi allievi a impegnarsi assegnando loro compiti di non immediata soluzione e interrogando a tappeto, fa suonare di continuo la campanella della ricreazione, se li ingrazia con un'infinità di dolcetti e giochi, e fa svolgere loro prove troppo facili.

Credo infatti che sarebbe una buona cosa "attivare" nei nostri figli l'attitudine al *discomfort*, se non vogliamo per loro un futuro di gonfiabili di plastica – ormai secca, anche il comfort invecchia – in cui sprofondano con lo sguardo assente reggendo un leccalecca.

Sono assolutamente convinta che tenere i nostri figli nella bolla, fargli trovare la pappa pronta e rendergli la vita facile li aiuti solo in apparenza. A lungo andare, infatti, comodi qui e comodi là, capriccio esaudito su capriccio esaudito, le piccole principessine sul pisello e i piccoli principini della Playstation si troveranno a essere impreparati di fronte alle difficoltà anche minime che la vita riserva a ciascuno di noi.

Un eccesso di protezione potrebbe quindi tramutarsi in dispetto, o disservizio, ai loro danni e noi da genitori diventiamo automaticamente balie, con tanto di mantellina di lana per non prendere freddo di notte – non esattamente il mantello di Batman...

Come fare, quindi, per non traumatizzarli e sottoporli troppo violentemente e direttamente alle intemperie della vita e al contempo non lasciarli belli comodi, nutriti, profumati e troppo viziati?

Forse sarebbe utile esporli gradualmente e in modo equilibrato e intelligente a momenti di *discomfort*.

Partiamo da un dato di fatto: anche volendo, è difficilissimo riuscire a proteggere sempre i propri figli da quelle che possono essere le crisi, le avversità e le difficoltà, perché non possiamo essere sempre al loro fianco. Impegniamoci allora a salvarli quando è indispensabile farlo, cominciando così a fare nostra una prospettiva diversa, rovesciata, della salvezza: salvarli troppo non li aiuta, non li educa al mondo.

Se la difficoltà la risolviamo sempre noi per il bambino, quest'ultimo crescerà non solo convinto che non esistano grandi ostacoli perché glieli rimuoviamo sistematicamente dalla strada – come fossero pidocchi –, ma soprattutto crescerà senza gli strumenti necessari a superare quelle avversità che prima o poi incontrerà. Il rischio è che non giunga all'età adulta preparato, che gli manchino quelle qualità di prontezza, creatività, duttilità utili a risolvere piccoli o grandi problemi.

La mia non è una posizione così radicale come può sembrare: trovo di fondamentale importanza, ovviamente, anche coccolare il bambino, concedendogli piccoli vizi, ma altrettanto importante non sottrarlo indiscriminatamente al disagio pensando di fare bene.

Senza avere un approccio educativo troppo severo, perché come sempre la virtù sta nel mezzo, credo che bisognerebbe riuscire a metterlo un pochino alla prova. E farlo significa innanzitutto non giustificarlo sempre, incolpando per esempio i professori quando riceve brutti voti o additando subito gli amici quando lo escludono.

Salvaguardarlo sempre e comunque da verità scomode che lo riguardano può essere più che svantaggioso, sia nel breve che nel lungo periodo. L'onestà, nel rapporto tra genitori e figlio, è fondamentale: se tua figlia ha la coordinazione di un elefante e vuole diventare una "farfalla" della ritmica perché ha visto i campionati mondiali e si è comprensibilmente entusiasmata – delle serie «volano farfalle, non sto più nella pelle» – è importante darle le giuste coordinate – a proposito di coordinazione. Inutile dirle che è perfetta per la ritmica, se non prende al volo neanche un pallone grosso come una mongolfiera. Piuttosto, meglio farle capire che è necessario prima impostare delle buone basi proponendole almeno inizialmente qualcosa di più semplice. Altrimenti si rischia di esporla a una frustrazione, questa sì evitabile e inutile, riflettendo un'immagine delle sue capacità che non corrisponde al vero.

Invece di ambire alla perfezione per il proprio figlio, insomma, caricandolo di aspettative che in parte possono derivare da nostre proiezioni, credo sia meglio trattarlo nel rispetto della sua intelligenza, senza mentirgli o indorargli la pillola laddove non è necessario.

Vero è che il carattere è un fattore determinante: ci sono bambini pigri, che tra un divano e un giro in bici scelgono il primo, e bambini avventurosi, di quelli che ti fanno venire un infarto perché si mettono regolarmente nei guai. Tutto verissimo, l'attitudine è un fattore chiave, ma proprio per questo l'educazione è ancora più importante, altrimenti la sorte dei nostri figli sarebbe già scritta e il nostro ruolo si ridurrebbe a quello di dispensatori di cibo, soldi e lenzuola pulite. Di fatto, noi genitori aiutiamo nostro figlio tutti i giorni a diventare nel tempo un adulto e il nostro contributo in questo senso avrà delle ripercussioni più che tangibili su di lui, perciò sarebbe bene iniziare fin da subito.

Se invece si sottovaluta il ruolo educativo genitoriale, come in parte stiamo facendo oggi demandando alla tecnologia la funzione di intrattenimento, per dirne una, Mr. Comfort avrà vinto su tutta la linea, perché il pigro si impigrirà ancora di più e il valoroso inizierà a impigrirsi.

Credo sia quindi importantissimo, per farla sotto il naso al precettore impenitente, adottare una semplice regola: variare, anche nell'intrattenimento. Gettare figurativamente il tablet dalla finestra – a farlo davvero si rischia di finire diretti dall'otorinolaringoiatra con gravi lesioni dei timpani – e far conoscere al proprio figlio realtà nuove e il più possibile variegate, distraendolo dalla routine, lo aiuta, divertendo anche noi genitori. Per esempio, si potrebbe andare un weekend a fare una passeggiata in un posto e il weekend successivo andare a guardare il lago in un altro, senza necessariamente dover spendere soldi. L'importante, a mio avviso, è rompere la ripetitività, stimolandoli in modo differente e abituandoli al cambiamento, e all'idea che il cambiamento è qualcosa di positivo e non troppo impegnativo.

Non lo è nemmeno esporlo a scomodità banali, piccole, come quella di rifarsi il letto al mattino prima di andare a scuola, di stare senza il telefonino quando fa i compiti, o di mettere a posto i suoi giochi da solo. Tutte queste piccole azioni quotidiane di sforzo o responsabilizzazione minima si riveleranno molto utili quando a scuola, per esempio, o in altri contesti, nostro figlio si troverà a dover affrontare delle piccole fatiche.

Se fin da quando è piccolo, invece di andare sempre in pizzeria, si fanno provare al proprio figlio sapori diversi, come quelli libanesi, cinesi, indiani piuttosto che quelli thailandesi, magari questo lo agevolerà anche in futuro ad avere un atteggiamento aperto, possibilista, dinamico.

Trovo che, se l'intento genitoriale di una madre o un padre coscienziosi è da sempre quello di attrezzare il proprio bambino al meglio per il mondo là fuori, portarlo tutte le estati nella stessa località, andare sempre allo stesso parchetto dietro casa, metterlo davanti allo stesso cartone e iscriverlo a calcio perché "così fan tutti" potrebbe non bastare.

Non sono certo una pedagoga, ma da figlia cresciuta sotto la divinità del cambiamento – nel mio caso, a volte, anche troppo –, oggi da madre ritengo importantissimo andare nella stessa direzione, seppur sempre in modo intelligente ed equilibrato.

Nello sport, per esempio, in assenza di una vera e propria passione o di una spiccata propensione alla competizione penso che sia più importante che ci si metta alla prova in diverse discipline.

Non mi riferisco al tanto abusato multitasking, ma al fatto di saper giocare su diversi piani. Se vogliamo ottenere un risultato in termini di elasticità, suggerisco di fare in modo che i nostri figli sappiano muoversi in diversi ambiti e su diversi campi da gioco, perché credo che la vita andrà sempre di più verso questa diversità e questo cambiamento rapido di situazioni, di amicizie, di lingue, di sapori, e non c'è niente che possa abituarti di più se non il fatto che sei già abituato alla disabitudine.

Come scriveva Aristotele nell'*Etica Nicomachea*, «noi siamo ciò che facciamo ripetutamente, perciò l'eccellenza non è un atto ma un'abitudine». E come ben spiega Heidegger in *Concetti fondamentali della filosofia aristotelica*, «nel caso dell'agire, la modalità specifica dell'abitudine non consiste nell'esercizio, ma nella *ripetizione*. E ripetizione non significa "mettere in gioco" una capacità consolidata, bensì *agire in ogni attimo in modo nuovo in base alla decisione corrispondente*»[2].

Mi sembrano illuminanti questi due passaggi, intanto perché l'eccellenza, essendo basata sull'abitudine, non ha niente a che vedere con la fortuna. Non si può quindi, dandoci questa scusa, stare comodi, pensando che la dea bendata si occupi del nostro successo. E poi perché l'abitudine, nel pensiero aristotelico, appare qui come una ricerca piuttosto che come una trita reiterazione meccanizzata. La ripetizione, infatti, su cui si fonda l'abitudine, non è qualcosa di già dato, acquisito, ma si adatta e cambia di volta in volta in base a quello che bisogna fare sul momento, a ciò che si decide di fare, e quindi all'obiettivo. Nemmeno l'abitudine può quindi essere comoda.

A tal proposito c'è una persona che mi ha dato degli

2 www.google.it/books/edition/Concetti_fondamentali_della_filosofia_ar/_2kQDgAAQBAJ?hl=it&gbpv=1&dq=nel+caso+dell%E2%80%99agire,+la+modalit%C3%A0+specifica+dell%E2%80%99abitudine+non+consiste+nell%E2%80%99esercizio&pg=PT170&printsec=frontcover

spunti di riflessione molto profondi, concreti e utili. È un maestro di karate tradizionale, anzi un *sensei* di karate (*sensei* in giapponese significa colui che è più avanti nel cammino, e quindi ci è maestro), Dario Marchini *sensei*. Più volte campione del mondo, è stato allenatore della squadra nazionale italiana per numerosi anni e nel 1999 ha fondato l'associazione culturale Kokoro International, per lo studio e l'approfondimento della pratica del karate. Per lui, l'abitudine e la ripetizione non esistono: «Il karate è basato sulla ripetizione, ma la ripetizione non serve a nulla senza un continuo aggiustamento, senza una costante correzione. Bisogna, quindi, ripetere cercando di fare ogni volta meglio della volta precedente. Il primo kata dei 27 del karate (il kata è una delle tre metodiche di apprendimento del karate e, in pratica, è un insieme di tecniche codificate da anni – in alcuni casi anche da centinaia di anni – che rappresentano un combattimento reale contro avversari immaginari) l'ho eseguito per la prima volta nel 1970, cioè 53 anni fa. Da allora si può dire che l'ho ripetuto ogni giorno, senza mai farlo identico a quello del giorno precedente. Questo perché ogni giorno ho cercato di praticarlo con la massima intensità, con tutto quello che avevo a disposizione quel giorno, cioè cercando, ogni volta, di superare il mio limite. Solo così la ripetizione ha valore, solo quando viene, di fatto, annullata».

Ecco, un'arte marziale è una buona soluzione per ingannare Mr. Comfort e mettere i nostri figli a contatto con la loro forza, che necessariamente per esprimersi deve trovare il giusto grado di frizione, ovvero un po' di scomodità. I nostri nonni lo riassumevano, in termini molto più prosaici, con l'espressione: «Vai a zappare la terra», imperativo che già a pronunciarlo corrobora mente e spirito. Oggi, in assenza della zappa – che rendeva a meraviglia, perché ci si immaginava proprio l'utensile e la zolla di terra arida in versione realtà aumentata anche quando quest'ultima ancora non esisteva, l'idea di duro lavoro necessario per far crescere qualsiasi cosa –, bisogna perlomeno mantenere vivo il concetto di fatica, fondamentale per irrobustire il carattere e non rammollirsi. E la fatica, adesso che gli schermi esauriscono gran parte dell'energia mentale dei nostri figli, è importante che la facciano con il corpo, muovendo il corpo. Fare fatica senza poter mollare è una piccola scomodità che il karate, per esempio, insegna in maniera molto immediata.

E perché è importante educare alla scomodità anche i bambini, me lo dice Marchini *sensei*: «La "scomodità", applicata nel giusto modo, quindi intelligentemente e sempre a fin di bene, può essere l'arma vincente per permettere ai bambini di scoprire potenzialità altrimenti destinate a rimanere inespresse. Allena il coraggio e la comprensione che la libertà non è fare quello che si vuole, ma aver la possibilità di esprimersi al meglio conoscendo e rispettando le regole».

In queste parole c'è già tutto quello che serve per traghettare i nostri figli – ma in verità chiunque – verso un avvenire limpido: la scomodità consente di scoprire risorse che non credevano di avere, allena il coraggio e introduce il concetto di libertà.

Solo i genitori possono fare qualcosa per tentare di garantire ai propri figli un vissuto migliore, più vitaminizzato, più ricco, più intenso, più vero, e per farlo possono avvalersi di validi aiuti, affidando il proprio figlio nelle mani di un maestro o di un buon istruttore.

Proprio per l'importanza del nostro ruolo di guida, sono piuttosto contraria al concetto di genitore-amico. Anche se da un lato è bellissimo vedere che tuo figlio ha voglia di farti una confidenza, sono dell'idea che non bisogna lasciarsi troppo tentare da questa lusinga. Intanto, i nostri figli gli amici se li scelgono e se li selezionano per conto proprio, e in seconda battuta noi abbiamo un ruolo ben più complesso che fare i loro amici.

La vera sfida, per noi adulti, è imparare a fare i genitori, che significa trasformarsi nell'antagonista dei nostri figli, non nel complice. Non che non possa essere complice con le mie figlie nell'arco della giornata per un tempo X, ma è una scelta consapevole e non mi distrae mai davvero dalla mia responsabilità di dover crescere due esseri umani perché siano indipendenti, consapevoli, responsabili, ambiziosi e liberi. Come potranno mai imparare se non do loro modo di trovare quella consapevolezza, quell'indipendenza, quella libertà?

Abbiamo l'enorme responsabilità di esporre i figli alla vita, e quindi anche alle sofferenze che la vita comporta. Non si capisce, però, per quale insano principio, nelle società occidentali – lo rimarco perché non vale ovunque nel mondo – si faccia il contrario, mettendo sul piatto dei propri figli direttamente il pesce, quando invece bisognerebbe dotarli di una bella canna da pesca.

Mi chiedo perché abbiamo smesso di insegnare ai ragazzi come procurarsi ciò di cui necessitano, perché glielo diamo confezionato e già pronto all'uso? Ma non trovo un senso, una risposta che mi pacifichi, al di là del fatto che il nostro è un mondo di prodotti confezionati. Un pensiero contrario alle confezioni, in effetti, oggi, nel mondo del c'è-già-tutto-pronto-anche-quello-che-non-serve, suona rivoluzionario. E infatti mi critica mio marito, mi criticano le mie amiche, che mi considerano troppo severa e intransigente, con delle aspettative molto alte. Non so se ho delle aspettative "molto" alte, e non so se è meglio l'educazione che impartisco io rispetto a quella delle mie amiche, di certo però è molto diversa.

Ho assistito tante volte a siparietti in cui al bambino viene in qualche modo promessa un'avventura e poi il genitore non riesce a resistere alla tentazione di sostituirsi al bambino. Se un padre preistorico avesse detto al suo bambino in più occasioni: «Dai tesoro, vieni, ti insegno a cacciare», e ogni volta avesse cacciato al posto del figlio, senza metterlo nelle condizioni di procacciarsi autonomamente del cibo, lo avrebbe condannato a morte certa. Un conto è nutrire il proprio figlio, un conto dotarlo di strumenti, perciò lasciamo liberi i nostri figli di sperimentare e misurarsi con se stessi senza agire al posto loro.

Lo psichiatra e psicoanalista austriaco Alfred Adler, fondatore insieme a Freud e a Jung della psicologia psicodinamica, fa un passo ulteriore, sostenendo che un bambino a cui non venga data l'opportunità di superare le sfide cercherà poi di evitarle tutte. Quindi un bambino per la prima volta impegnato in un'attività, come per esempio colorare con i pennarelli senza uscire dal contorno della figura, che gli richiede contemporaneamente uno sforzo mentale o fisico e il superamento della paura – della cosa nuova, della frustrazione dell'insuccesso – deve potersi misurare con quel tentativo.

Ho volutamente fatto l'esempio dei pennarelli e della carta: le sfide non devono essere al di sopra della portata di nostro figlio e non c'è bisogno ogni volta di inventarsene una sfogliando il manuale delle Giovani Marmotte. Sono piccole prove che la vita di tutti i giorni offre generosamente a noi genitori. Alcune sono prove anche per noi, perché quando assisti tuo figlio mentre scrive la A maiuscola su un quaderno con l'obiettivo di riempiere tutta la pagina, e per scrivere due lettere impiega dieci minuti, la tentazione di prendere in mano la penna e scriverle al posto suo può essere forte. Bisogna resistere, le A maiuscole è meglio che le scriva da solo, noi possiamo solo incoraggiarlo e, se la A è decente, provare a velocizzare la stesura.

Sono inezie, ma compila oggi una pagina di A e compila domani la tabellina del 2, il quaderno è presto finito. E in quel quaderno compilato da nostro figlio, con il nostro supporto, possiamo già intravedere il senso del sé, il senso di potenza – quello giusto, del "sono capace di farlo", non il delirio d'onnipotenza –, il senso di sicurezza, l'orgoglio, la possibilità di conquistarsi qualcosa. Se invece ci sostituiamo noi, agendo al posto suo, ecco che lui avrà un senso del sé, un senso di potenza e una sicurezza sbiaditi.

Come fa un bambino a sentire di aver conquistato qualcosa – anche solo il saper colorare dentro i margini – se più della metà delle volte è la mamma o il papà a risolvergli il problema? Può essere davvero controproducente limitarne l'autonomia, aumentando di contro esponenzialmente la sua dipendenza nei nostri confronti.

Ci sono anche i casi in cui si privano letteralmente i propri figli della possibilità di imparare qualcosa. Anni fa, per esempio, ho discusso con un'amica giapponese che vive in Italia e che ha sposato un italiano, perché si ostinava a non parlare giapponese con i propri figli, sostenendo che questo ne avrebbe rallentato l'apprendimento dell'italiano. La sua soluzione è stata quella di sforzarsi moltissimo a imparare l'italiano in modo corretto per evitare a loro questo disagio. Quella che per lei era un'agevolazione per me era un dispetto: li stava privando della possibilità di imparare facilmente, in casa, direttamente dalla mamma, senza alcun tipo di costo e in maniera del tutto naturale, una lingua che avrebbe potuto servirgli in un futuro e andare a costituire il loro background culturale e la loro identità.

Adesso questi ragazzini hanno l'età delle mie figlie e non spiccicano una parola di giapponese. Il fatto di non valorizzare quello che uno ha in dotazione e di non trasmetterlo al bambino per paura che faccia una fatica eccessiva, perché non sia mai che debba fare uno sforzo in più, è paradossale. Gli togli una difficoltà da un lato e gli fai un danno consistente dall'altro. Mi sembra che in casi come questi sia la paura a giocare un ruolo predominante, dettando le condizioni.

Io preferisco che fin da subito la comodità non venga messa al centro del sistema educazione. Fosse per me Mr. Comfort sarebbe destinato all'oblio perpetuo. A volte forse esagero quando dico che la scomodità la si deve insegnare dalla culla, ma dall'altra parte sono convinta che da sei mesi e un giorno, quando li si svezza, ai propri figli si debba insegnare – chiaramente in modo proporzionato – a gestire piccole avversità, a risolvere piccole frustrazioni. Può sembrare un'idea bizzarra, ma a mio avviso è solo un piccolissimo riscaldamento rispetto ai grandi allenamenti e alle fatiche che toccheranno ai nostri figli da adulti. Come scriveva Aristotele, «datemi un bambino nei primi sette anni di vita e io vi mostrerò l'uomo». Anche perché viviamo in un mondo dove, otto volte su dieci, non va esattamente come vogliamo noi. Il famosissimo modo di dire «mai 'na gioia» deriva proprio da questo dato di realtà, e cioè che spesso e volentieri la frustrazione non è solo dietro l'angolo, ma ci bussa alla porta.

Invece di evitargli prove, sottoponiamo nostro figlio a dosi omeopatiche di ostacoli, così che impari a gestire la frustrazione. Le frustrazioni si gestiscono come tutto il resto, ma bisogna imparare quando si è piccoli ad addomesticarle, a non lasciarsi sopraffare dagli aspetti negativi. Noi come genitori non possiamo tenerle sempre fuori dalla cameretta dei nostri figli, proteggendoli dalle piccole disfatte a cui vanno incontro, perché così le frustrazioni diventano solo più spaventevoli. Possiamo invece affrontarle insieme a loro: normalizzare il problema, metterli di fronte al fatto che non andare a segno al primo tentativo è nell'ordine delle cose, che rappresenta una piccola delusione ma che poi passa, e che questo piccolo momento negativo costituisce la spinta per provare a fare meglio la volta successiva.

Anche la punizione – che è l'anticamera della frustrazione – serve. Sono contraria a punizioni esemplari da riformatorio, ma togliere il cellulare a nostro figlio quindicenne perché continua a distrarsi e non studia, può essere un gesto educativo utile. Il ragazzino può affrontare la frustrazione che gli deriva e, magari, recuperare meglio e più rapidamente, sfruttando il pungolo costituito dal fatto di volersi rimpossessare del telefono al più presto. La gestione della rabbia, della frustrazione e dell'impotenza è ancora più importante del superamento della frustrazione. Siamo tutti bravi a governare la gioia e il successo.

Nessun precettore ha mai pensato di educare alla vittoria, perché siamo tutti capaci di vincere, non c'è bisogno di spiegare la gioia di un successo. Ho vinto, sono sul podio, sono riuscito a dare il massimo, ce l'ho fatta. Cosa c'è da spiegare? Niente! Se non forse che, se si vince perché si dà il massimo è un conto, se invece si vince perché gli altri non sono riusciti a darlo, in quel caso la vittoria è sbiadita, perché il valore della vittoria non è tanto guadagnarsi il trofeo, ma il fatto di misurarsi con se stessi.

È importante, in ogni caso, educare al fallimento, perché una sconfitta suscita emozioni negative difficili da spiegare, contenere, assorbire. È qui che dovrebbe intervenire un genitore, solo lui può assolvere questo compito. La scuola non può farsi carico anche di quella che è un'educazione emotivo-psicologica, suo è il compito dell'apprendimento accademico e in parte dello sviluppo di una sana socialità.

Fino a che la tendenza, o meglio il riflesso condizionato, però, è quella dell'essere amico dei figli, del no alle punizioni, del no alle frustrazioni – un po' in declino visti i risultati –, non otteniamo un granché, avremo solo ragazzini che non hanno la minima idea di cosa significhi il rispetto, né tantomeno la gerarchia, che ignorano i propri punti di forza e le proprie debolezze. Se va sempre bene comunque, se nostro figlio ci può trattare al pari degli amichetti, se sistemiamo tutto noi, sobbarcandoci la sua frustrazione, ecco che il figlio-marmellata è quasi certo.

L'educazione che si impartisce ai propri figli è in parte il riflesso della società in cui viviamo, e soprattutto noi occidentali benestanti abbiamo perso completamente il concetto di sacrificio, di fatica, ma anche quello di fallimento, che preferiamo ignorare.

La perdita di valenza positiva attribuita alle parole frustrazione e sacrificio, poi, è accompagnata dal bisogno sempre più forte di stare in uno spazio sicuro, confinandoci anche i nostri figli. Il punto è che così, invece di agevolarli, ancora una volta li ostacoliamo.

Ne è un esempio la profusione di complimenti che spesso riserviamo ai nostri figli e che se immeritati o sproporzionati assomigliano più a un'offesa o a un insulto all'intelligenza del bambino che a una lode. I bambini non hanno esperienza ma non sono stupidi, perciò i sentimenti che loro provano nell'essere lodati oltremisura non vanno a rafforzare la loro autostima, anzi, si sentono deficienti, perché pensano: "Ma come, ho solo preso in mano una forchetta, perché mi fa la ola?". I bambini colgono molto meglio di noi le stonature, emotivamente sono molto più sensibili. Bisogna stare attenti a non offrire a nostro figlio una falsa visione della realtà, annebbiata e viziata da quello che noi pensiamo essere amore e protezione.

Dall'altro lato, questo iper-complimentarsi, questo iper-congratularsi, questo iper-elogiare a mio avviso restringe l'ambizione del bambino. Se su una scala da uno a dieci, quando prende tre, in cambio ottiene manifestazioni entusiastiche sproporzionate è chiaro che non sarà motivato a fare quattro. Può darsi che si sentirà inadeguato o non comprenderà il perché di tale chiassoso vezzeggiamento, ma sarà in ogni caso disincentivato a sforzarsi ulteriormente per fare meglio, visto che già con poco sforzo ottiene una gratificazione. Detto ciò, il sentore che ci sia in questo elogio qualcosa di sproporzionato e gonfiato arriva comunque, e crea confusione su quello che dovrebbe essere il normale rapporto sforzo-risultato-gratificazione. Infine, così facendo, non mettiamo i nostri figli nelle condizioni migliori quando dovranno dare dimostrazione di qualcosa al di fuori delle quattro mura.

Fuori di casa, infatti, un tre vale tre, e se il risultato è tre su dieci, non solo la *standing ovation* non arriva, ma nostro figlio si sentirà indirizzare giudizi come: «Non è sufficiente, devi sforzarti di più e migliorare». Questa disparità di valutazioni, gli farà sorgere un dilemma incredibile: chi adotta il giusto parametro? Il genitore o il mondo esterno? E in tal caso il problema si crea comunque, indipendentemente dalla risposta che il bambino si dà, perché se sceglie che è il genitore a utilizzare la giusta proporzione tra azione e gratificazione vivrà poi necessariamente il confronto con il mondo esterno in modo conflittuale, se invece è il contrario, formulerà un giudizio svalutante nei confronti dei genitori e guarderà con sospetto ai loro complimenti.

Non si considera poi un altro fattore, quello linguistico: se quando il bambino annaspa nell'acqua lo si elogia come se avesse fatto i suoi primi 25 metri a stile libero senza fermarsi, quando davvero arriverà a percorrere quella distanza in modo decente quali parole useremo? Se stiamo a Ferdinand de Saussure e al suo *Corso di linguistica generale* del 1916, la *langue*, la lingua, «è la parte sociale del linguaggio, esterna all'individuo, che da solo non può né crearla né sacrificarla». La lingua, quindi, è il tre che nostro figlio prende su una scala da uno a dieci e il valore incontrovertibile che quel tre ha su una scala da uno a dieci. La *parole*, la parola, invece, è il modo in cui chi parla «utilizza il codice della lingua in vista dell'espressione del proprio pensiero personale», ed è quindi il modo in cui personalmente ci riferiamo a quel tre, è come lo possiamo affrontare e presentare a nostro figlio attraverso la parola. Possiamo scegliere in che modo avvalerci di questo "codice" per esprimerci: vogliamo impegnarci a utilizzarlo al meglio?

Come il pendolo di Foucault, negli ultimi cento anni siamo andati da un estremo all'altro: attraverso l'ottusità punitiva dei nostri nonni verso i nostri genitori siamo arrivati a essere una generazione che elogia per qualsiasi cretinata i figli. Siamo passati dal criticare i nostri genitori che, cresciuti con le "braccine corte" di gratificazione, hanno sviluppato un innato senso di inadeguatezza, al diventare schiavi dei nostri figli. Siamo totalmente proni e "azzerbinati" verso questi ragazzini a cui basta prendere un 6 per ricevere complimenti o per ricevere un regalo, quando magari se i nostri genitori portavano a casa un 9 si sentivano dire: «E perché non hai preso 10?». Entrambe le posizioni, il rigorismo assoluto e un lassismo impenitente, sono eccessive. Una giusta via di mezzo non guasterebbe, gli epici «bastone e carota» dovrebbero tornare ciascuno sui piatti della bilancia, ed essere pesati di volta in volta, a seconda delle situazioni.

Penso, a questo punto, di essere diventata una vera spina nel fianco della comodità. Con Mr. Comfort all'angolo, posso chiudere con un motto latino che amo molto e che racchiude un'indicazione chiara di un percorso che ci può guidare verso la nostra crescita personale e collettiva: *per aspera ad astra*. Proviamo a insegnarlo ai nostri figli se non vogliamo che il firmamento, lassù, resti loro precluso.

3

La vita è un'avventura

Mi immagino la *comfort zone* non solo come un divano ma anche come una grande sfera, quella della nostra comodità individuale, dove ciascuno di noi si rintana, illudendosi di potersi proteggere dai pericoli e dalle incognite del mondo esterno. Forse per me è più semplice capire che il soggiorno in questa sfera può essere quantomeno ingannevole, perché la vita mi ha tante volte spinta a uscire dai percorsi battuti, a buttarmi nel mondo, a mescolarmi con realtà sconosciute ed estranee, non sempre suggestive o esotiche. La mia condizione di nomade si è rivelata estremamente preziosa, mi ha portato lontano, mi ha aperto possibilità che, se fossi rimasta all'interno di questa sfera ovattata, non avrei potuto cogliere.

In una sorta di atto magico, colpisco allora con il meteorite della mia penna questa sfera, frantumandola in tante piccole schegge. E ancora immagino che queste numerose piccole schegge possano essere raccolte e utilizzate, quasi fossero amuleti, da chi non sa nemmeno cosa sia il comfort, perché deve lottare ogni singolo giorno per sopravvivere, e quindi non conosce tregua ma solo giganteschi ostacoli. Mi piace quindi credere che, frantumando la comodità, ci sia anche una sorta di sua redistribuzione più equa e democratica, che porti sollievo a chi ne ha davvero bisogno.

Per poterla colpire, però, devo prima conoscere il nemico e saperne fare un identikit preciso.

Che cos'è la zona di comfort? Per definizione è un'area limitata, circoscritta – emotiva, psicologica e fisica – in cui ci troviamo a nostro agio e ci sentiamo protetti da eventuali attacchi esterni, una sorta di grembo materno o nido in cui senza bisogno di fare grandi sforzi riceviamo tutto quello di cui abbiamo bisogno. In alcuni casi può essere un elemento positivo. Se un nuotatore professionista nuota per due ore in mare aperto, facendo uno sforzo fisico e mentale notevole, e quando esce dall'acqua si avvolge in un morbido asciugamano, scaldandosi e reidratandosi, ritrova la sua meritata – ma transitoria – zona di comfort. Cosa succederebbe, però, se quel nuotatore si mummificasse nel suo asciugamano con in mano la sua bevanda, se anzi potesse ricevere asciugamani e bevande anche senza bisogno che si cimenti nel nuoto? Si assuefarebbe a questa condizione senza più mettersi alla prova, e quindi niente di notevole gli accadrebbe, con grande delusione anche per chi seguiva le sue prodezze.

A ciascuno di noi, in qualche ambito della sua vita, sarà capitato di trovarsi avvolto in questo comodo asciugamano che profuma di ammorbidente un po' troppo a lungo, sentendosi sì protetto ma al contempo demotivato, appiattito su un orizzonte fittizio, di un azzurro quasi irreale. Fuor di metafora, si sta bene, ci si sente appagati e soddisfatti, ci si culla nelle proprie sicurezze, ma non si hanno obiettivi, si è privi di slancio, di creatività, si perde il gusto di cimentarsi in una nuova partita con se stessi, di affrontare una nuova sfida.

Quella è la *comfort zone*, quella è la nicchia dove ci siamo confinati, dove se va bene ci limitiamo a cambiare colore dell'asciugamano, e se va male abbiamo un set di asciugamani identici, ovvero giornate identiche le une alle altre, che lentamente si svuotano di senso.

La prima cosa da fare, quindi, è identificare i comportamenti che alimentano questa sfera perfettamente chiusa, che le consentono di crescere a nostro discapito. Anche in questo caso, infatti, come ha già ricordato Pievani, il prezzo della *comfort zone* è sempre a carico di qualcuno di diverso dal beneficiario, e se nel caso delle società avanzate a farne le spese sono i paesi del terzo mondo, nel caso della nostra *comfort zone* individuale, a farne le spese è la nostra sfera più intima e privata. Mentre la *comfort zone* cresce, noi rimpiccioliamo.

Per non sparire, è vitale quindi circoscrivere i comportamenti autoindulgenti e viziati dalla comodità. Una volta individuati, bisognerebbe disfarsene del tutto o predisporsi a superarli. È l'unico modo, infatti, per risvegliarsi da questa specie di torpore e tornare ad agire nel mondo, instaurandovi un dialogo diretto e proficuo, un dialogo che non sia filtrato da questa sfera comoda e ingannevole a cui chiediamo protezione. Liberarsi dal suo abbraccio soffocante ci permette di rientrare in un contatto autentico con noi stessi, ritrovando un coraggio di cui non sapevamo di poter disporre. Ci renderemo conto di essere più forti di quel che ci aspettavamo, scopriremo di avere delle caratteristiche di adattabilità di cui non sospettavamo – anche se, l'abbiamo visto, i nostri antenati e la storia dell'uomo testimoniano che il nostro è stato un adattamento continuo –, di poter sviluppare delle competenze nuove o di poter dare nuovo impulso a ciò che già sappiamo fare. Ritroveremo fiducia in noi stessi.

Soggiornare a lungo nella zona di comfort e accettare lo *statu quo*, limita davvero il nostro sviluppo e va in direzione opposta a quello che Alfred Adler chiamava «l'aspirazione alla superiorità», che riteneva costitutiva della psiche e fondamentale per realizzare quel movimento necessario a raggiungere una meta. Tale aspirazione, connaturata all'uomo tanto quanto lo spirito di adattamento e il suo successivo superamento, va quindi intesa come tensione innata verso l'alto, verso la perfezione, ed è esattamente il contrario del rimanere fermi in una zona dove si ha tutto sotto controllo e le azioni sono improntate alla comodità e all'abitudine.

Sono tantissime, però, nella nostra vita, le scelte che compiamo sulla base delle abitudini: mangiare sempre le stesse cose, andare sempre in vacanza nella stessa località, parlare sempre e solo la lingua madre senza sforzarsi di utilizzarne altre, blocco che a volte si traduce anche nella rinuncia a visitare un paese per la difficoltà di comunicare. Non è sbagliato di per sé avere delle abitudini, ma queste andrebbero perlomeno accostate a momenti perlustrativi. Invece, se mi guardo intorno, mi sembra che tante persone abbiano perso l'animo esploratore e avventuriero, quello che sa e vuole dialogare con l'ignoto, lo sconosciuto. Semplifico per provocare: Marco Polo, Cristoforo Colombo, Vasco de Gama avevano l'atteggiamento giusto, prendevano e andavano, non si ponevano il problema di cosa avrebbero mangiato durante il viaggio o una volta arrivati – nonostante fossero più le incognite delle certezze e disponessero di una strumentazione molto meno avanzata e affidabile della nostra. Non rinunciarono ai propri progetti, e questo permise loro di aprire nuove piste, di allargare la conoscenza umana.

Ognuno di noi, nel suo piccolo, dovrebbe riscoprire questo spirito avventuriero, trovare una soluzione per ampliare il proprio bagaglio culturale e allenare il cervello a rispondere in modo nuovo a sapori, luoghi, informazioni, stimoli diversi da quelli abituali.

Il rischio, altrimenti, è quello di non riuscire a tenere il passo con i cambiamenti che noi stessi abbiamo prodotto, provocando un'interruzione dello sviluppo, e quindi un arresto dell'evoluzione su larga scala. Sul singolo individuo un mancato sviluppo ha un valore relativo, ma è anche vero che la collettività è composta da individui singoli e che se nessuno si propone di aprire una breccia nella *comfort zone*, lo stallo si estenderà alla nostra società e le conseguenze non saranno più così trascurabili. Ripiegarsi su se stessi, a livello collettivo, con un innalzamento delle barriere difensive e uno spirito che, invece di restare aperto e curioso, si impronta a un accanito conservatorismo, potrebbe tradursi in un rallentamento a tutti gli effetti della specie umana e in particolare dell'uomo occidentale, della sua capacità di rigenerazione sociale, economica e culturale.

Se nello scacchiere mondiale qualcuno si ferma, sarà un altro a muovere la pedina. Altre società, quindi, più pronte a sacrificare la comodità per l'avventura, il conosciuto per lo sconosciuto, si espanderanno. Adottando comportamenti più dinamici e rischiosi, acquisiranno competenze maggiori e una capacità di adattarsi, che noi siamo destinati a perdere se non la teniamo viva costantemente con nuove sfide.

Ma quali sono i fattori che, a livello individuale, determinano un soggiorno eccessivo nella zona di comfort? Innanzitutto la pigrizia, che non si traduce soltanto nel rifugiarsi sotto le coperte al mattino perché non si ha voglia di alzarsi, per esempio, ma può avere mille sfumature e implicazioni diverse. C'è chi è pigro a livello comportamentale, perché legge solo un determinato tipo di libri, e lo fa sempre sotto lo stesso ombrellone, nella stessa spiaggia, per venticinque anni di fila. C'è chi è pigro a livello fisico, perché prende sempre l'ascensore anche se abita al primo piano e se fosse per lui abolirebbe la categoria degli istruttori sportivi dalla faccia della Terra.

Una volta aperta la porta alla pigrizia, altre attitudini faranno capolino: la ripetitività, la mancanza di cura e attenzione, la trascuratezza. Tutti questi elementi, che sono accomunati dall'assenza di uno spirito di "ricerca", riducono notevolmente la possibilità di evolversi.

Se non ci si evolve, d'altro canto, è altrettanto difficile che si possa trasmettere il concetto di evoluzione ai propri figli, e così il problema da individuale torna ad allargarsi a macchia d'olio. Una madre o un padre lascerà nella propria impronta genitoriale uno degli elementi appena elencati, quasi fosse un insetto intrappolato nell'ambra, e i figli a loro volta potrebbero – non è mai detto – assumere atteggiamenti improntati alla pigrizia, o alla noncuranza, o all'apatia, e trasmetterli a loro volta a chi è in più stretto contatto con loro. Da una scala individuale si passa presto a una scala collettiva, e se atteggiamenti simili sono veicolati anche a livello mediatico, inducendo magari i giovani a credere che sia tutto semplice e che non ci si debba poi impegnare tanto, che basti postare sui social contenuti frivoli e accattivanti per diventare un fenomeno, ecco che il rischio diventa ancora più alto, riducendo sensibilmente la possibilità di migliorare, crescere, aprire nuove frontiere, conoscere ed espandersi.

Anche dal punto di vista lavorativo, il movimento e la mobilità hanno i loro pregi: restare nella stessa azienda per tanti anni, se da un lato consente di fare carriera, dall'altro rende meno scontato un eventuale riposizionamento, in caso di fallimento dell'azienda o nel caso in cui si abbia una reale esigenza di cambiare lavoro. Chi si occupa di selezionare il personale, a parità di ruolo, spesso sceglie il candidato che ha fatto più esperienze, e che possiede quindi, già a partire dal proprio curriculum, un vissuto variegato alle spalle. Meno esperienze arrugginiscono la capacità adattiva e di pronta risposta a problemi o a contesti nuovi.

Avere all'attivo diverse esperienze lavorative, al contrario, significa aver acquisito la capacità di *problem solving*, ovvero la prima cosa che, indipendentemente dal ruolo che si ricopre – che sia il grande capo o il semplice operaio –, un'azienda richiede ai suoi impiegati. Oggi soprattutto, con un mercato così competitivo, è diventata una caratteristica fondamentale.

Vale lo stesso se si parla di competenza. Prendiamo due falegnami, entrambi abili nel proprio mestiere. Il primo ha sempre e solo lavorato il pino in Piemonte, mentre il secondo ha lavorato diversi tipi di legno, spostandosi anche geograficamente. È chiaro che quest'ultimo vanta una conoscenza più approfondita di un numero maggiore di materiali e delle loro caratteristiche e gli si aprono quindi più possibilità.

Per un manager è differente, perché l'ingrediente più importante resta l'adattabilità e la capacità di gestire in modo fluido situazioni diverse, passando con scioltezza da una lingua all'altra e da un paese all'altro. Fare il manager in Giappone non equivale a farlo a Berlino, e l'abilità di entrare subito in contatto con mondi nuovi, lavorando cioè con culture e tradizioni diverse, senza dimenticarsi di ciò che si è appreso in altri paesi o del proprio patrimonio di conoscenze, rappresenta un valore aggiunto. Io credo che un manager possa dirsi completo solo se ha collezionato esperienze variegate e sul campo.

Sono solo due esempi, ma l'eterna contrapposizione tra abitudine ed esplorazione di nuove possibilità, tra attaccamento al noto e tensione verso l'ignoto, tra inclinazione alla pigrizia e propensione all'azione, tra soggiorno nella zona di comfort ed esplorazione di nuove possibilità, la si ritrova in tutti gli ambiti, nell'educazione, nel lavoro, nelle esperienze di vita. Se si lotta, c'è speranza di frantumare la sfera del comfort e uscire allo scoperto. Se non si lotta, ci tocca rimpicciolire sempre più.

Nel campo degli affetti e dell'amore le cose stanno diversamente, valgono altre regole, anche per il comfort. In amore, infatti, aver raggiunto una condizione confortevole significa aver ottenuto un buon bilanciamento di coppia o familiare. Ciò non toglie la possibilità di lanciarsi, come coppia, in nuove sfide. L'importante è che non si interpreti la diversificazione come un salvacondotto per tradire il proprio partner continuamente. Nei sentimenti o nelle amicizie ci vuole ancora più saggezza, più solidità, più coraggio, ed è importante costruire una sicurezza basata sulla fiducia e l'affidabilità. In amore e nelle amicizie ci si può fermare senza smettere di esplorare.

Nel lavoro, invece, è diverso. Spesso le scelte professionali sono dettate dall'ambizione personale, e anche se non tutti per fortuna sono affamati di successo e sentono la necessità di cambiare e di mettersi alla prova su più fronti, sono pochi quelli che non si lamentano dopo una vita passata a fare sempre la stessa cosa.

Se si è soddisfatti e felici della propria posizione lavorativa, il problema non si pone. La maggior parte delle volte, però, non colgo questo dalle persone che conosco. I sentimenti più comuni sono quelli della noia e della frustrazione, o addirittura del rimpianto. In questi casi, dando per scontato che esistano delle circostanze esterne che influiscono o determinano la nostra vita, il freno al cambiamento è rappresentato dalla *comfort zone*. Siamo noi a creare una situazione di stallo, affidandoci a tutta una serie di condizionamenti o di false credenze rispetto alle nostre reali possibilità di crescita, senza domandarci mai: ma sono felice? La mia vita così com'è mi appaga? Sono una persona migliore di quando ho iniziato a fare questo lavoro?

Spesso, a impedirci di valutare con sguardo critico il nostro operato e mettere in discussione le azioni che compiamo nel quotidiano sono la pigrizia, la paura del cambiamento e l'automatismo.

Della pigrizia abbiamo già detto ed è una piaga che colpisce quasi chiunque. L'automatismo rappresenta il meccanismo routinario più infido, perché indica quell'insieme di azioni e comportamenti che per definizione scattano a partire da una scelta inconsapevole. Dal punto di vista psicologico si definisce automatismo «il carattere di certi atti compiuti meccanicamente, senza partecipazione della coscienza». In un certo senso, è come se il cervello si prendesse un *break*, una meritata pausa. Sa già come procedere, deve solo azionare il pilota automatico e via che si parte. Come giocatore solitario, l'automatismo può quindi avere il suo perché – attiva il risparmio energetico mentale combattendo lo stress delle nostre vite –, ma quando si mette in squadra con l'abitudine e la pigrizia per noi cominciano i guai.

In parte, anche la routine è funzionale, perché ci aiuta a svolgere in modo ordinato le nostre attività. Dall'altro canto, però, ci condiziona in negativo, perché ci preclude nuove strade. Normalmente non si insegna a mettere la routine in discussione, ma bisognerebbe farlo. Senza ribaltare tutto in modo acritico, si può cominciare interrogandosi su cosa e come si può fare meglio o su cosa può renderci più felici.

Concedersi la possibilità di contemplare un cambiamento significa già iniziare a farlo, e cominciare da quelli piccoli è più rassicurante, ci dà fiducia. All'inizio «si facciano pure cose piccole, non si devono fare cose grandi», come recita la sentenza del I Ching n. 62, *La preponderanza del piccolo*. Si può scegliere un altro bar in cui fare colazione, per esempio, o si può decidere che per il mese successivo si punterà la sveglia mezz'ora prima e si farà una breve passeggiata prima di iniziare la giornata. In seguito, preso coraggio, si potranno programmare trasformazioni importanti, che richiedono più tempo ed energie – come smettere di fumare, cambiare lavoro, traslocare.

In ogni caso, una buona soluzione può essere quella di interrogarsi frequentemente sulla propria felicità e fare il punto sulla propria condizione, senza lasciare che queste attitudini negative abbiano la meglio sulle istanze e sui bisogni di rinnovamento. Non porsi le giuste domande potrebbe equivalere a votarsi all'oblio, dimenticarsi di se stessi illudendosi che si stia facendo di tutto per proteggersi e tutelarsi. Lasciar spadroneggiare le tre Moire della *comfort zone* – pigrizia, abitudine e automatismo – significa appiattirci in tutto quel che facciamo: nel quotidiano, a livello educativo, nel lavoro, in amore. Ma perché non ci piace più confrontarci in modo attivo, propositivo, con la realtà? Perché siamo diventati così passivi?

Probabilmente, a giocarci un brutto tiro è sempre lei, la paura di fallire, a volte accompagnata dall'ansia. La paura agisce in modo primario: ci paralizza, trasformandoci in lucertole a bagno nel sole. La paura solitamente genera altra paura. Questa catena di paure non produce un fermo, fa di più: produce stagnazione e apatia, che a loro volta rappresentano l'anticamera della depressione.

Riassumendo: se a fronte di uno stimolo nuovo e improntato al cambiamento, ci rifiutiamo di metterci alla prova, perché, ospiti fissi della *comfort zone,* in cui ci sentiamo al sicuro e vediamo il mondo là fuori come spaventoso, non sentiamo più il pungolo della sfida, possiamo scivolare nell'apatia e – nei casi più gravi – nella depressione. Il fenomeno è molto frequente anche nei più giovani.

Quando siamo depressi non riusciamo a proiettarci nel futuro, che vediamo grigio, senza opportunità né obiettivi. Non avendo prospettive, continuiamo a confortarci e rassicurarci, incistandoci sempre più nella nostra piccola tana. Esempio perfetto del non volere uscire dalla zona di comfort, del non voler perdere ciò che si è costruito, è uno degli ultimi racconti di Franz Kafka intitolato *La tana,* scritto a

Berlino nel 1923, sei mesi prima di morire, in cui si narra dell'estremo sforzo di un animale – presumibilmente un roditore – per costruire la propria tana sotterranea e proteggersi così dall'attacco di pericolosi predatori. L'animale, però, impegnato nella sua ossessiva costruzione difensiva, rimarrà intrappolato nel labirinto di cunicoli e gallerie da lui stesso progettato. Durante il periodo della quarantena, su «Il Riformista», Lucrezia Ercoli, prendendo a esempio proprio questo racconto scriveva: «Imprigionati dallo spavento, pretendiamo certezze, ma a ogni notiziario le nostre paure aumentano e prosperano i sospetti. E cresce a dismisura il bisogno di sicurezza. Una rincorsa senza fine. Più ci proteggeremo e più ci sentiremo inadeguati a proteggerci. La tana come condizione permanente del presente e la paranoia come orizzonte dell'umanità?»[3].

Barattare la libertà con una sicurezza fragile, che per sostanziarsi richiede in continuazione cunicoli e corridoi nuovi perché il nemico è sempre più paurosamente forte e spaventosamente aggressivo, significa produrre una quantità di rimpianti che non basta un camion della nettezza urbana per portarli via tutti. "Ah, se avessi accettato di fare quel colloquio", "Ah, se avessi avuto più coraggio!", spesso diciamo a noi stessi.

Se lasciamo prevalere la strategia difensiva e dello *statu quo*, avremo le spie dell'insoddisfazione, della

3 www.ilriformista.it/la-tana-di-kafka-insegna-abbiamo-paura-del-ritorno-alla-normalita-85675/

malinconia, del rimpianto, del senso di incompletezza sempre accese. Improvvisamente, ci renderemmo conto di esserci infilati le manette ai polsi da soli, di aver ipotecato la nostra vita a un bisogno di sicurezza che, in una società come quella di oggi, non può che tramutarsi in un gigantesco buco nero, capace di assorbire tutte le nostre piccole sicurezze. Se la sicurezza rappresenta l'unico parametro, non ce ne sarà mai abbastanza e sarà sempre peggio.

Stare comodi equivale quindi a essere costretti a combattere un nemico molto insidioso e potente: la PAURA, in maiuscolo.

Ma la paura si può e si deve affrontare. Come? Principalmente con il coraggio di rompere il nostro guscio protettivo e mettere la testa fuori. Sarà un tema che ci accompagnerà per tutto il libro.

Innanzitutto, per stimolarci a guardare il mondo là fuori, constatando che non è poi così terribile come sembra, cominciamo a identificare i vantaggi che comporta uscire allo scoperto. Il primo è sicuramente la fiducia in noi stessi. Quando, superando la paura del fallimento, ci mettiamo alla prova in qualcosa di nuovo – non un obiettivo troppo ambizioso – e otteniamo un buon risultato, questo ricade immediatamente e positivamente sulla nostra autostima. La fiducia in noi stessi all'inizio è come un pulcino. Timido e spelacchiato, con il passare dei giorni, sprimaccia le piume e le gonfia per benino, assumendo un'espressione e una forma più rotonda, più gioviale, e predisponendosi a crescere ulteriormente.

Dopo esserci messi alla prova, più coscienti delle nostre effettive capacità, possiamo provare a fare un passo ulteriore: ampliare il raggio operativo, allargando i nostri orizzonti. Possiamo porci ulteriori e graduali obiettivi, delineando un tracciato nuovo, una strada da seguire. Scopriremo lungo il percorso di non essere poi così fragili o sprovveduti e riusciremo a raggiungere nuove mete, sviluppando nuove competenze. Ritroveremo la nostra creatività o potenzieremo i nostri punti di forza. Miglioreremo la nostra resistenza e la nostra prontezza nel rispondere a situazioni nuove.

Non solo i vantaggi sono quindi numerosi, ma prendendo in contropiede la comodità riusciremo a evitare la depressione, che io mi immagino come una spirale discendente che si avvita su se stessa. Il nostro "movimento" punta verso l'alto, è ascendente, non discendente. La tensione dell'uomo è verso il cielo, non verso il basso, come ci suggeriscono le posizioni di yoga. La "terra" per uomini e piante, è il luogo in cui radicarsi per poter meglio tendere verso l'alto.

Per questa tensione verso l'alto, per questo bisogno di trascendenza, l'uomo ha iniziato con l'osservare il cielo e ha finito per popolarlo di miti, ha costruito templi, chiese, sinagoghe, moschee, ha trovato dèi e demoni. Anche la scalata di una montagna va in una direzione simile, perché le tappe che portano alla vetta assomigliano a quelle di un percorso di purificazione, in cui a mano a mano che si sale ci si disfa dei carichi inutili e si entra in un contatto più intimo e profondo con se stessi. L'uomo ha bisogno di sollevare gli occhi al cielo, non di passare le giornate a guardarsi le scarpe, né tantomeno di chiudersi nella scatola delle scarpe.

Come fare allora per tentare di darci una mossa e ottenere quella rosa di vantaggi che ho appena prospettato? Come invogliarci al cambiamento e a un confronto positivo con noi stessi e con il mondo? Non è così complicato iniziare.

Innanzitutto, una buona cosa potrebbe essere stilare una lista degli obiettivi. Una indicazione che si trova anche in tutti i manuali dedicati alla salute psicofisica e che si prefiggono di potenziare lo sviluppo armonioso della personalità e la crescita dell'autostima. Perché fare una lista? Semplice: normalmente funziona. Si può iniziare a scrivere gli obiettivi di un anno e poi spacchettare ulteriormente gli obiettivi principali e posizionarli sui vari mesi, fino a distribuire questo «carico» in modo capillare giorno per giorno, di modo che la meta non assuma i contorni di una cosa mostruosa e irraggiungibile, ma appaia come un traguardo ritagliato su misura, composto da tante piccole tappe. Non si tratta quindi, come si faceva negli anni Settanta, in maniera un po' hippy, di stravolgere completamente e radicalmente le nostre vite con l'obiettivo principale di lasciare spazio a valori poi difficilmente perseguibili nella realtà. No, si tratta di mantenersi strettamente aderenti alla traducibilità concreta dei nostri obiettivi, tentando di perseguirli nel modo più intelligente, oculato e pianificato possibile, con la giusta quota di coraggio, razionalità, determinazione, ma anche emozione. Una strategia non può mancare: gli obiettivi vanno messi nero su bianco e gli strumenti necessari a realizzarli disposti in bell'ordine sul tavolo.

Niente salti nel vuoto, quindi, ma una possibilità diversa per la propria vita. Quali potrebbero dunque essere gli obiettivi? Io ne ho individuati nove.

Il primo obiettivo è darsi un obiettivo, perché non darselo preclude per definizione la possibilità di nuove scoperte, e invece dobbiamo scoprirci esploratori e avventurieri per noi stessi, per guadagnare fiducia. Questa fase sperimentale e possibilista, che ci porterà all'acquisizione di capacità e alla scoperta di noi stessi, va incoraggiata sin dall'infanzia.

Il secondo è provare cose nuove. Se non si prova, per esempio, a nuotare dalla spiaggia a un isolotto poco distante da riva che sembra lontanissimo, non si saprà mai se si è in grado di raggiungerlo. Se si prova, invece, magari la prima volta si scopre che l'obiettivo non è commisurato alle nostre forze, ma dopo numerosi e graduali tentativi si riesce a raggiungere la meta.

Il terzo è dissociare il cambiamento dalla paura e dall'ansia. Se si cambia, semplicemente, si fa una transizione da qualcosa che conosci verso qualcosa che non conosci, e che puoi solo immaginare. Quindi da un territorio noto si va verso un territorio ignoto, esattamente come hanno fatto i nostri antenati.

Il quarto è applicare il famoso detto "tentar non nuoce", seguito da "non ogni male viene per nuocere". Il cambiamento, infatti, molto spesso conduce a un miglioramento, e anche quando le condizioni sembrano negative, nella maggior parte dei casi non si rivelano nocive come si supponeva. L'immaginazione gioca brutti scherzi, soprattutto se il suo interlocutore è l'ignoto, ma è vero anche che riflettere sui detti popolari spesso ci spalanca nuovi orizzonti, ci apre delle piste disseminate da fiori di saggezza. *Tentar non nuoce*, quindi, sembrerebbe suggerire che vale la pena provare e riprovare; *non ogni male vien per nuocere* sembrerebbe incoraggiare a una visione più lungimirante e meno scontata, per cui una situazione complessa e difficile valutata in un primo momento in modo negativo potrebbe rivelarsi invece positiva sul medio-lungo termine.

Il quinto obiettivo è affrontare le avversità, trovare il coraggio e la determinazione dentro di sé per fronteggiarle. Tornando ai miei amati motti, qui calza a pennello quello di Benjamin Disraeli, «Non c'è migliore educazione dell'avversità»: il processo di apprendimento – e quindi di crescita – passa necessariamente attraverso il confronto e lo scontro con le avversità.

Tutte queste azioni, o dichiarazioni d'intenti, in buona sostanza abbassano il livello di ansia, preoccupazione e angoscia. Leopardi nel *Sabato del villaggio* scrive: «Questo di sette è il più gradito giorno, / Pien di speme e di gioia: / Diman tristezza e noia / Recheran l'ore, ed al travaglio usato / Ciascuno in suo pensier farà ritorno». L'abbiamo studiata tutti e le analisi si sprecano: il momento migliore, in cui si gode di più, è suscitato dall'aspettativa della festa, della domenica, più che dal momento vero e proprio della festa.

Quello che mi interessa, qui, è rovesciare l'immagine, darne un negativo, per dimostrare che il concetto non cambia: se il momento migliore è quello *prima* della festa, allo stesso modo, il momento peggiore è quello *prima* del cambiamento. È *prima* che noi andiamo incontro a stati di ansia e preoccupazione. Già mentre è in corso, l'ansia è meno pressante, e dopo è andata, ce l'abbiamo fatta, abbiamo trovato dentro di noi la forza per fronteggiare il problema e risolverlo in un modo migliore di prima. È il cambiamento stesso a tranquillizzarci.

Il sesto obiettivo è, se non proprio rendere routinario il cambiamento, imparare ad accettarlo come possibilità di crescita, perché è quasi sempre migliorativo rispetto alla nostra condizione di partenza e consente, se non l'evoluzione, il progresso.

Porto un esempio personale: io e il mio secondo marito ci siamo conosciuti in Grecia, durante una vacanza. Lui è francese e vive a Parigi, io sono italiana e vivo a Milano. Come accade anche ad altre coppie, le condizioni di partenza non erano delle migliori, ma nessuno dei due ha fatto sì che diventassero dei muri invalicabili, siamo andati avanti, ci siamo sposati e stiamo insieme già da cinque anni. Abbiamo cercato entrambi di rimanere aperti alla possibilità di una «relazione non convenzionale», a un rapporto niente affatto impostato secondo i canoni e i criteri tradizionali – abbiamo comunque pagato dazio alla tradizione sposandoci. Siamo riusciti a gestire una situazione di partenza già di per sé complessa, con tre figli piccoli e tre lingue diverse. Sulla carta questa era una relazione impossibile, ma se siamo ancora qui è perché abbiamo gestito il problema (per ora). E ci siamo riusciti perché abbiamo pensato *out of the box* – cioè uscendo dal seminato, fuori dagli schemi ordinari.

Non ci siamo fermati dicendo: "No, troppo faticoso, lasciamo perdere, ne voglio uno della mia città fatto così e cosà". No, non abbiamo il menu della vita da cui scegliere liberamente le nostre pietanze preferite, è la vita che ci viene incontro, poi sta a noi capire se abbracciarla, guidarla, seguirla, subirla, rifiutarla, odiarla, sognarla, amarla, o capirla.

Anche qui mi viene in aiuto il detto: *volere è potere*. È vero che l'amore è una forza e una spinta potentissima, e forse sotto il suo influsso è più facile sfoderare la nostra volontà migliore, perché è come se ci fosse una mano invisibile che ci sostiene e ci spinge, ma proprio perché questa energia esiste e tutti almeno una volta nella vita l'abbiamo sperimentata bisognerebbe riuscire a trasferirla anche al di fuori della dinamica amorosa, nella nostra vita quotidiana.

Il settimo obiettivo è: ritrovare una volontà forte. Certo, l'immortalità è una conquista impossibile, ma per il resto, per tutto il resto, l'impossibile non è un'opzione: bisogna provarci, ci dobbiamo provare. Perché possiamo riuscirci. E l'amore è un esempio positivo in questo senso: si superano ostacoli che a prima vista sembrano fatti apposta per essere insormontabili o per farci desistere al primo timido tentativo, come la distanza geografica, lingue diverse, situazioni familiari preesistenti e che non si possono mettere da parte come fossero oggetti ricordo ordinati in una scatola – figli, genitori da curare, a volte malattie, nei casi peggiori guerre. A seconda del livello di difficoltà, ci si prova, ci si butta, si trovano strategie, si lotta.

Oltrepassata la zona comoda e messo il becco fuori dal nido, dobbiamo aprire le ali e dimostrare a noi stessi e al mondo cosa siamo capaci di fare, dando il nostro contributo. Volerlo è già un traguardo.

L'ottavo obiettivo è: vivere in modo avventuroso ed esplorativo. Tolti i casi in cui la vita sceglie al posto nostro – malattie, lutti, pandemie –, dobbiamo scendere in campo. Forse per le cose belle bisogna fare un po' di fatica, forse bisogna imparare a convivere con la scomodità se vogliamo avere il "premio finale" grosso, meraviglioso, voluto, sudato, una splendida ricompensa per il nostro cuore – come può essere per me un grande amore superati i quarant'anni –, per la nostra carriera, o più in generale per il nostro benessere.

Non mi è capitato spesso di conoscere persone che hanno ottenuto successo senza aver prima sudato, senza aver fatto sacrifici, senza essersi determinati, senza aver convogliato la maggior parte delle proprie energie verso l'obiettivo prefisso, anzi...

Marchini *sensei* ne ha fatto un punto di forza. Secondo lui, «la scomodità è necessaria. La mia vita di karate, iniziata nel 1970, è stata, e ancora oggi continua a essere, un dramma. Il dramma è il giusto conflitto, il conveniente conflitto, quello che porta a qualcosa, quello che sconvolge dentro e quello che tira fuori il meglio da noi stessi e forse a volte anche il peggio in modo da poterlo prima vedere e poi correggere. In effetti, ogni attimo passato nel *dōjō* (luogo dove si pratica karate, letteralmente "luogo dove si pratica la Via") è fondato sullo "stare scomodi", perché è l'unico modo per tenersi protesi verso la ricerca, quindi verso la scoperta e, in ultima istanza, verso il miglioramento».

Per assestare un duro colpo alla vita comoda e sintetizzare tutto quello che è stato raccontato fin qui, mi rimane il nono obiettivo, che è: «Mettiamoci comodi nello stare scomodi se vogliano avere successo». Abbiamo letteralmente in mano le nostre vite e possiamo intraprendere il migliore percorso verso la nostra piena realizzazione, capace di gettare luce anche sulle vite degli altri. Chiaramente una luce… scomoda.

4

Chi si ferma è perduto

Sono a Valtournenche, ai piedi del Cervino. E malgrado si respiri aria fresca, non mi sento propriamente comoda. Sono in cordata, con uno strapiombo di 2.500 metri sotto e mi sento paralizzata dalla paura, dopo aver assistito allo spettacolo delle mie gambe che si muovevano per conto loro, in modo scomposto, in preda a una strana frenesia, come se i miei nervi si fossero prima spaventati e poi avessero ceduto. Ho un attacco di panico e non so assolutamente cosa fare. Nonostante l'aria pungente, mi sento soffocare. Per un lungo momento, faccio fatica a distinguere i suoni. Avverto una voce, ma all'inizio è come se mi arrivasse da remoto, non afferro bene le parole. Poi, finalmente, quell'opacità si spezza e sento una frase pronunciata in modo nitido, deciso: «Non guardare la cima, pensa solo alla prossima presa dove mettere le dita e all'appoggio per il piede, respira, prenditi il tuo tempo, e vai avanti. Non fermarti». La voce è quella di Hervé Barmasse, l'alpinista considerato erede di Reinhold Messner, mio amico e anche lui compagno d'avventura in tante puntate del *Kilimangiaro*. Lui, la mia guida, mi salva. Mi traghetta fuori da quel momento di paralisi. Senza guardare la cima, mi affido alle sue parole e faccio come mi dice. Mi concentro sul passo successivo, trovo l'appiglio con le dita, trovo l'appoggio per un piede, un primo passo, poi per quello successivo. Muovo le gambe ancora tremanti. Un passo alla volta, adagio... e poi, quasi senza accorgermene, arrivo in cima, esausta e ancora un po' frastornata ma felice e grata a Hervé per avermi fatto ritrovare il coraggio e la forza di non mollare.

Raramente nella vita ho dovuto affrontare una condizione di scomodità così importante, fisica, psicologica ed emotiva. C'è stato un momento in cui mi sono lasciata sopraffare, ho seriamente pensato che sarei rimasta imbalsamata lì. Forse chiamarlo pensiero è anche troppo: in quel momento mi funzionava solo il cervello rettiliano, sede degli istinti primari. In ogni caso, ha svolto il suo dovere. Ce l'ho fatta, ho superato la paura. A dire il vero, non avevo molte alternative. Ero in cordata. Non potevo tornare indietro. Ero "condannata" a proseguire, ma è stata proprio quella congiuntura eccezionale a permettermi di fare i conti, in modo diretto e impietoso, con la mia paura. L'ho guardata in faccia, ho preso atto dei miei limiti – oggi come oggi mi sembra evidente che non sono uno stambecco – e sono andata avanti. Ho fatto uno sforzo pazzesco, ma il fatto di riuscire a superare quell'impasse ha rappresentato una vera e propria conquista, che ricordo ancora oggi con grande emozione.

Ora sono pronta a scalare la montagna ancora una volta, seppur simbolicamente, o meglio con carta e penna, assieme a Hervé Barmasse, per esplorare insieme a lui il concetto di limite e capire perché, nella maggior parte dei casi, chi si ferma è perduto.

Non solo in occasione della nostra scalata, infatti, Hervé ha sottolineato l'importanza, una volta iniziato un percorso, di non fermarsi, perché nel movimento, in quel "non fermarsi", è nascosta e si rivela la lotta con noi stessi, con i nostri limiti. Soltanto compiendo quel movimento possiamo abbattere, mattone dopo mattone, l'idea di impossibile. Ricordo sempre con meraviglia la risposta che mi ha dato quando, durante una delle mie prime interviste, gli ho chiesto come si facesse a scalare la montagna più alta del mondo: «Facendo il primo passo». Sono rimasta folgorata da questa sintesi, degna di un maestro zen per potenza e chiarezza. È stata amicizia a prima vista.

E ha assolutamente ragione. I grandi nomi della storia, infatti, hanno avuto la forza o il coraggio di fare il primo passo lungo un sentiero molto impervio o verso una meta che, come nel caso della montagna più alta del mondo, sembra inarrivabile. Alcuni lo hanno fatto grazie alla potenza straordinaria delle loro menti, concependo qualcosa che era inconcepibile, impensabile per la loro epoca, come Isaac Newton che nel 1666, come vuole la leggenda, si ispirò a una mela caduta da un albero per formulare la legge di gravitazione universale. Altri lo hanno fatto grazie alla prodigiosità della loro fantasia, come Hieronymus Bosch, che con le sue opere ha dato vita a un immaginario pressoché inesauribile. Altri ancora, che oggi possiamo ammirare, atleti come Alessia Zecchini, Marcell Jacobs o Gianmarco Tamberi, lo hanno fatto portando il proprio corpo oltre i limiti abituali. Tutti, in ogni caso, si sono distinti per aver inaugurato un percorso o segnato una tappa che fino al loro avvento – e soprattutto intervento – sembrava impossibile.

Rompendo la membrana tra ciò che ancora non esiste, ciò che attende di essere compiuto, e la vita vera, tangibile, spesso infrangendo le regole prestabilite o andando contro luoghi comuni, hanno scalato montagne che altri si limitavano a contemplare dal basso, dando il via alle rivoluzioni. Come diceva Nelson Mandela: «Sembra sempre impossibile finché non lo si fa».

Iniziare, però, non è così semplice, soprattutto in montagna. Al cospetto di queste maestose e silenziose cime, che sembrano signore impettite, severe e distanti, si ammutolisce, ci si sente piccoli e inadeguati. In montagna, perciò, partire significa lasciare a casa approssimazione e casualità, significa affermare con forza e decisione la propria scelta di dialogare e cimentarsi con una tale potenza naturale. Senza una decisione ferma non esiste sentiero, non c'è inizio e nemmeno ritorno.

«Scegliere è la cosa più difficile, è la più grande difficoltà, e spesso sta dietro anche al non fermarsi. Una volta che hai scelto di partire, di intraprendere un percorso, lo hai programmato, lo hai ideato, lo hai pensato, fai il primo passo e sei partito. Se invece quella scelta non la fai, allora diventa difficile» confessa Hervé. La scelta non può essere casuale e sconsiderata se non si vuole tradurre in una falsa partenza. La decisione deve essere autentica.

In montagna si sente tantissimo il peso di ogni scelta, da quella iniziale a quella che ti fa arrivare in vetta e a volte, come è successo a me, la scelta può essere solo una: andare avanti.

«Io mi reputo fortunato, perché in montagna, quando vivi l'essenza, quando le tue scelte, che nel mio caso sono molto estreme, possono anche dipendere da ciò che fa la differenza tra vivere o morire, allora quel saper scegliere viene guidato dall'istinto – o sesto senso – che senti molto forte dentro di te», racconta Hervé. La scelta, quindi, ha un peso decisamente diverso e l'istinto può rivelarsi davvero un prezioso alleato.

Nella vita di tutti i giorni, invece, nella vita urbana, gli stimoli sono moltissimi, ed è complicato innanzitutto orientarsi, mantenere la bussola. Non c'è quella rarefazione così tipica della montagna per cui è subito chiaro quali sono le forze in campo e quali le possibilità. In città a dettare il ritmo è la frenesia. Abbiamo sempre fretta – o almeno questa è la percezione – e anche le decisioni vanno prese in modo tempestivo. Finisce che tante volte scegliamo la cosa che ci appare più semplice, immediata, a portata, perché nel bombardamento di immagini, dati, persone, suoni a cui siamo sottoposti andiamo in confusione. Le opzioni sono troppe. La volta in cui, in una sorta di sforzo di concentrazione, riusciamo a non farci distrarre e condizionare dal rumore di sottofondo, troviamo una direzione e riusciamo a mantenerla, o perlomeno, come dice Hervé «chi è capace di seguire il proprio istinto e scegliere, sicuramente non rimarrà mai fermo, sicuramente vivrà delle esperienze. Potrebbe succedere che le cose non vadano esattamente come desideravamo, ma nello stesso tempo saremo sicuri della cosa più importante: saremo certi di aver vissuto». Se la città assomiglia a una giungla caotica e tentacolare in cui le tante sollecitazioni rischiano di diventare vere e proprie trappole, la montagna regala quella purezza capace di rendere nitidi anche i contorni di una scelta.

Scegliere non basta per raggiungere la vetta, o la vetta delle vette, come è riuscito a fare Barmasse. Non tutti possiamo cambiare il mondo, ma non per questo non possiamo nemmeno provarci. Nel nostro piccolo, nel nostro quotidiano, è importante trovare il coraggio di credere in noi stessi e nelle nostre scelte. In qualsiasi ambito, dopo aver deciso, sia che vogliamo smettere di fumare, cambiare casa, cambiare lavoro, iniziamo a farlo.

Partire è fondamentale. Una volta partiti, come diceva Einstein, bisogna pedalare: «La vita è come andare in bicicletta. Per restare in equilibrio devi muoverti». Si incontreranno ghiaia, dossi, terreno franoso, neve, ghiaccio, ci saranno buche, ci saranno pozzanghere, discese e salite. In ogni caso, bisogna procedere. Hervé lo dice in questi termini: «Incontriamo tanti percorsi che sono le tante esperienze che mettono assieme la nostra esistenza: quelle che ci modificano nel tempo, quelle che ci fanno maturare, quelle che ci fanno crescere, quelle che ci fanno gioire e quelle che ci rendono anche tristi, perché poi è tutto un oscillare. Di per sé, però, è il movimento che ti porta a vivere quelle esperienze».

Ma è proprio vero che chi si ferma è perduto? Io sono convinta di sì, perché la vita è movimento e che non siamo qui per fare gli stoccafissi, gli imbalsamati o le mummie egizie, siamo qui per metterci alla prova. Per Hervé «ogni tanto è anche giusto fermarsi per riflettere o per cambiare direzione, però il fermarsi inteso come arrestare di netto un percorso è un'altra cosa, è la fine di tutti noi, è la fine della vita. Invece la vita deve essere una continua ricerca, una continua esplorazione». Come ci ha ricordato anche Pievani, l'evoluzione poggia sul costante tentativo di cambiamento, di avanzamento, di esplorazione di un nuovo "oltre".

«È chiaro che ogni tanto, per forza di cose, dobbiamo anche fermarci, perché, lo ripeto, dobbiamo attuare un processo di riflessione e di pensiero, prima di decidere dove vogliamo andare. Si può anche decidere di tornare indietro, può capitare di pentirsi di un tratto di percorso appena intrapreso. Quante volte ci diciamo, infatti, "se avessi fatto così, avrei ottenuto un risultato migliore". Capita a tutti, e capita a molti che si ripresenti l'occasione per fare meglio della volta precedente, per non sbagliare di nuovo.»

Una cosa è fermarsi, arrestarsi – laddove il concetto di arresto, di assenza assoluta di moto implica sempre un elemento inquietante, che si avvicina alla morte –, un'altra è sostare o chiudere o terminare alcuni percorsi. La vita di ciascuno di noi è costellata da esperienze che abbiamo dovuto o voluto abbandonare o lasciarci alle spalle. È nell'ordine delle cose. Il tentativo non può andare a segno sempre e comunque, altrimenti non sarebbe un tentativo, sarebbe ogni volta una conquista.

Non possiamo né torturarci per i tentativi fallimentari né essere costantemente proiettati in un futuro ricco di possibilità per evitare di sentire il pungolo della frustrazione. Io sono una grande fautrice dell'*hic et nunc*, del qui e ora, della capacità di "stare" nel momento presente, esplorandolo e vivendolo pienamente. È però altrettanto evidente che il nostro cervello è costantemente proteso nel tentativo – uno dei tanti – di dare un indirizzo e una forma all'avvenire. Solo i saggi illuminati sono in grado di aggirare questa legge immutabile e dimorare nel presente, ma visto che i saggi illuminati sono pochissimi, qualsiasi epoca storica si voglia considerare, per noi comuni mortali la musica è un'altra, è una terra di mezzo dove alterniamo momenti in cui riusciamo a goderci un po' di presente – già un gran risultato – a momenti in cui abbiamo bisogno di immaginare il futuro, la nostra vetta, cercando di capire cosa vogliamo. Ponendoci degli obiettivi, non necessariamente concreti, possiamo avvicinarci alla cima, e durante il percorso trasformarci, scoprendoci migliori di come eravamo.

Questo per me è lo scopo del nostro essere qui sulla Terra: morire migliori di come siamo nati, ciascuno al proprio livello, ciascuno con le proprie possibilità, ciascuno con la propria evoluzione. Non si tratta di paragonarsi all'altro, ma di confrontarsi con se stessi, ognuno sulla propria strada, ognuno sul proprio percorso. Non è una gara con qualcun altro. In questo senso trovo che la metafora dello yoga sia meravigliosa, almeno nella mia esperienza: quando ho iniziato non riuscivo nemmeno a toccarmi i piedi con la punta delle dita, e poi piano piano, seguendo una via, ho fatto dei miglioramenti insperati e alla fine sono riuscita ad arrivare oltre i miei piedi! Non si tratta mai di una competizione con gli altri, è una ricerca *per* se stessi, è un dialogo e un confronto *con* se stessi.

Non solo il progressivo miglioramento e la conquista delle nostre piccole vette diventa gratificante per noi, ma può diventare un esempio per gli altri. Anche in modo passivo, senza che intervenga la nostra volontà o il nostro eventuale slancio didattico, infatti, chi ci sta vicino e vede i nostri sforzi ripagati – che sia il nostro partner, i nostri colleghi, i nostri figli o i nostri amici – ci prenderà a modello.

Quando intraprendiamo un percorso di auto-miglioramento, non possiamo che seminare bene. Significa che non ci accontentiamo di ciò che la vita ci ha posto davanti: l'area geografica in cui siamo nati, il nostro contesto sociale, la nostra possibilità di studio. Se è vero infatti che non tutti possono lasciare un'impronta nella storia è vero anche il contrario: se accettiamo alla nascita quello che ci è stato dato come sufficiente, se quel pacchetto iniziale diventa una condizione permanente, facciamo un torto enorme a noi stessi ma anche alla società. Se fossimo rimasti tutti a fondovalle, senza cimentarci con la montagna, non saremmo nemmeno esistiti come specie umana, ci saremmo probabilmente estinti. È nella nostra natura esplorare, come abbiamo visto con Pievani, ma a volte – raggiunto un livello di benessere sufficiente – ci fermiamo.

In un viaggio o un'esplorazione che possa dirsi tale si è sempre in movimento e il fine ultimo non è la comodità, bensì la ricerca, lo smantellamento delle barriere, l'incontro con l'ignoto. Ho scelto la metafora della montagna e chiesto l'aiuto di Hervé proprio perché l'alpinista, nel suo moto ascensionale – che fa eco ad Adler e alla sua "aspirazione alla superiorità" – da quando intraprende il suo viaggio dimentica la comodità e si concentra esclusivamente sull'obiettivo finale, sulla sua ricerca, sulla vetta.

Hervé si rapporta solo alla montagna. Nella sua esperienza, attraverso la non-comodità, che come dice lui non ha cercato, «è successa», si riesce ad apprezzare di più tutto quello che le altre persone considerano ovvio. Mi racconta che quando si è fatto la prima doccia calda dopo due mesi di Himalaya se l'è goduta in un modo diverso, più pieno, di quanto non possiamo fare noi tutti i giorni. Quella doccia calda è stata qualcosa di fantastico, e quindi quella scomodità gli ha regalato qualcosa in più della comodità, che invece fa sì «che ti siedi un po' e poi non riesci più a gioire di quello che ti offre la vita, dai tutto un po' per scontato». Quando si è fuori dal proprio contesto abituale e protetto, come quando si è in parete, è molto difficile mantenere l'equilibrio emotivo, che va trovato sulla linea di confine tra la realtà delle cose e il modo in cui le percepiamo. Spesso siamo preda di una sorta di tumulto interiore, una confusione difficile da governare. In montagna, si perde la sicurezza nel gestire la situazione, sicurezza che invece nella vita di tutti i giorni c'è e difficilmente viene messa in dubbio. «Quando faccio alpinismo,» mi ricorda Hervé «posso farlo a diversi livelli: amatoriale, come quando porto i clienti, o a livelli così estremi che anche io, a un certo punto, ho solo una direzione e quella la devo prendere, la devo accettare, ne devo affrontare gli ostacoli e il percorso senza mai sapere come andrà a finire. Però è anche ciò che mi piace, che mi stimola e che mi fa sempre venir voglia di pormi questa domanda: "Questa cosa non l'ha mai fatta nessuno, ma si può fare?". Gli altri dicono di no, ma io non sono sicuro che sia proprio così e allora vado a vedere.»

«La via da seguire, insomma, è sempre e solo una, spesso quella che ti porta in cima o quella che ti porta in salvo» racconta Hervé. «La montagna è una via che ti porta in salvo, la cima è un giro di boa, perché poi devi scendere, spesso devi rinunciare, devi tornare indietro. È per questo che la via da seguire inizia dal punto in cui parto. Ho sempre avuto chiaro che da dove parto devo tornare. Adesso che ho dei figli è ancora più chiaro, perché ho una responsabilità in più. Poi è altrettanto chiaro che c'è sempre anche l'imponderabile, come nella vita. Del resto, se non ci fosse l'imponderabile, non so a chi piacerebbe vivere sia la montagna sia la vita vera.»

Questa sua riflessione mi fa venire in mente un racconto che lui stesso mi ha fatto: durante una scalata, a causa di condizioni climatiche troppo avverse, ha dovuto rinunciare a raggiungere la vetta quando gli mancavano solo pochi metri. L'imponderabile è arrivato e l'ha costretto a desistere. Ma in quella rinuncia si annidava la vittoria di non aver sfidato oltre misura qualcosa che in quel momento si mostrava più grande e potente di lui.

Avvalersi della metafora della montagna, quindi, non equivale a dire "se non arrivi in cima non vali niente", no. L'obiettivo è la scalata, come dice Hervé è «la ricerca», l'obiettivo sono le tappe che ti portano a conoscere te stesso, le tue capacità, ma anche i tuoi limiti. Se Hervé non si fosse fermato, come mi ha confessato, probabilmente sarebbe morto. È stata la sua grandissima esperienza a suggerirgli di fermarsi. O meglio è stata la piena consapevolezza delle sue capacità, dei suoi limiti e dell'ambiente con cui le sue capacità e i suoi limiti dovevano confrontarsi in quel momento a salvargli la vita.

Lo scopo del nostro viaggio coincide con il motto che si trovava scritto sul frontone del tempio di Apollo a Delfi che ho visitato questa estate, GNOTHI SAUTÓN, conosci te stesso. Lo hanno detto in tutte le lingue del mondo e in tutte le filosofie.

Anche per Marchini *sensei*, che abbiamo già incontrato, e che nella sua ricerca può essere accostato a Hervé, «conoscere se stessi è, da sempre, il motto di tutte le filosofie, orientali e occidentali. Questo perché è, da sempre, il problema e, allo stesso tempo, l'aspirazione massima dell'essere umano». E aggiunge che, nel karate, misurarsi con l'avversario è un modo non solo per misurarsi con se stessi ma per tirare fuori il meglio da se stessi: «In millenni di elaborazione della questione mi sembra che tutte le filosofie concordino su una cosa: il nostro vero avversario siamo noi stessi. Il karate, come metodo di combattimento, affronta la cosa fin dall'inizio in modo molto pratico: usando, cioè, un avversario in carne ed ossa. Attraverso questa pratica, dato che l'avversario esiste per non perdonarci errori, si è costretti a ridurre fino a, se possibile, annullare ogni distrazione, dubbio, indecisione, paura, perché c'è un rischio fisico chiaro, immediato e tangibile».

Il conoscere se stessi è fondamentale per capire i propri limiti e viceversa. Secondo Hervé, ci sono due tipi di limite: «Quelli che l'uomo ha la tendenza a superare, e questo è ciò che ci ha consentito di evolvere, e quelli che invece dobbiamo necessariamente darci, perché le nostre azioni altrimenti potrebbero portare a cattive conseguenze per noi stessi e per gli altri. Dobbiamo darceli quando stiamo rischiando la nostra vita, ma anche quando stiamo commettendo un errore. Forse oggi non siamo più abituati a riconoscere i nostri limiti, innanzitutto perché ci crediamo padroni del mondo che ci ospita. E poi anche perché la nostra società ci suggerisce che tutto è possibile e che tutti possono fare di meglio». Ma non è così, dice Hervé, non è assolutamente vero: «A me piacerebbe fare molte cose bene, ma ne riesco a fare solo alcune in modo discreto». È un limite culturale che circoscrive male l'idea di limite, perché in un certo senso lo traveste, ne smussa i contorni, addolcendoli fino a renderlo troppo accessibile, troppo alla portata, sminuendone il potere trasformativo.

D'altro canto, spesso non ci si pone nemmeno il

problema del limite, si va avanti per inerzia. A tal proposito, Marchini mi dice: «La mia personale convinzione è che l'essere umano in genere, nella sua ordinarietà, si esprima con azioni molto al di sotto dei propri limiti, anzi, forse nemmeno adeguate ai propri minimi. Con questa premessa voglio dire che, secondo me, "l'aspirazione alla superiorità" o il "superamento dei propri limiti" non dovrebbero essere intesi come qualcosa di inarrivabile o di eccezionale, ma, al contrario, accessibile a tutte le persone di buona volontà. Dovrebbe essere "l'ordinaria eccezionalità", per dirla con le parole del giudice Giovanni Falcone».

Ciascuno, quindi, in quest'ottica dovrebbe combattere ogni giorno per superare il proprio limite individuale, con umiltà, ciascuno al proprio livello. L'umiltà è un ingrediente fondamentale del limite, perché, ricorda Hervé, «chi riesce ad accettare il proprio limite sarà una persona più completa, perché avrà chiare debolezze e punti di forza».

Entrambi concordano poi su un punto che non è affatto trascurabile: il limite serve anche per rispettare l'altro. Bisogna fermarsi quando si capisce che, perseverando, il rischio di danneggiare "l'altro", qui inteso proprio come "altro da noi" è troppo elevato. In effetti, soprattutto oggi, forse ci siamo lasciati prendere la mano da un superamento del limite al negativo, dove quest'ultimo si configura più come abuso del limite. È come se fossimo stati colti tutti da un'improvvisa cecità: non vogliamo porci il problema, preferiamo far finta che le risorse a nostra disposizione siano illimitate, sperando che la nostra vocazione predatoria resti impunita, che non ci sia limite alla speculazione finanziaria, edilizia, eccetera, e che al posto dei limiti sia però saggio erigere muri altissimi, a protezione di quei territori e di quei beni che abbiamo conquistato senza porci problemi. Anche in questo caso mi viene in soccorso Alfred Adler: secondo lui c'è una soglia che separa chi pur aspirando alla superiorità non trascura l'interesse sociale da chi invece non lo contempla affatto. In questa seconda categoria, in quanto incapaci di fronteggiare e risolvere i problemi che la vita pone loro, rientrerebbero i pazzi e i criminali.

Il limite va innanzitutto tarato a livello individuale. Per Barmasse l'approdo finale è la vetta, per Marchini il colpo definitivo è «quello che non concede replica all'avversario, in sostanza: il colpo perfetto, per la ricerca del quale è necessario, ogni giorno, non scendere mai al di sotto del proprio limite, ma al tempo stesso non danneggiare l'avversario».

Per entrambi il limite è anche la consapevolezza di sapere esattamente dove e quando fermarsi: la padronanza, la maestria sono fondamentali se si vuole davvero vincere la battaglia contro se stessi. Attraverso un'aderenza assoluta tra sé e la parete, una percezione affinata e raffinatissima di se stesso in quel determinato spazio in quel determinato momento, Barmasse trova, un passo dopo l'altro, la vetta. In Marchini è l'aderenza assoluta tra corpo e mente e la coscienza millimetrica di ogni momento dell'azione a consentirgli di colpire esattamente dove si era prefissato di farlo senza nuocere: «Il cuore si butta oltre il bersaglio, il corpo si ferma prima. Superare se stessi, realizzare se stessi, ma mai danneggiare gli altri! Questa, secondo me, è la libertà».

E c'è un'altra considerazione importante che vorrei fare: il limite per tutti – e non solo per chi di mestiere intrattiene con esso un dialogo costante – dovrebbe essere un parametro che cambia costantemente, a seconda dei nostri risultati e delle nostre possibilità. Misurarsi sempre con lo stesso ostacolo, e adottare sempre lo stesso approccio alla vita, significa limitarsi a compiere il proprio ciclo biologico, senza compiere il proprio viaggio: non tutti siamo stambecchi, ma ciascuno ha davanti una o più strade da percorrere. Siamo venuti qui per fare la nostra scalata, per fare la nostra immersione, la nostra esplorazione dei ghiacci, del deserto, della foresta, ciascuno ha il suo universo simbolico e materiale da esplorare. Ma il pesce rosso nella boccia no.

A volte, come quando ho fatto la cordata con Hervé, servono condizioni estreme, in cui non abbiamo vie di fuga, per tirare fuori il nostro coraggio e scalzare i meccanismi difensivi che la mente aziona in situazioni di stress psicofisico.

Per favorire la piena espressione delle nostre potenzialità, sarebbe bene avere un chiaro prospetto dei propri limiti per non cadere nel tranello teso dalla mente, complice la paura. A volte usiamo come alibi quello che crediamo un nostro limite per non metterci alla prova, altre volte accusiamo il mondo esterno di essere sbagliato, di non capirci e rifiutiamo il guanto di sfida. In realtà siamo noi stessi a metterci all'angolo, cercando la via di fuga comoda, dicendoci «tanto non ce l'avrei fatta» e trovando una scusa per non dover uscire allo scoperto.

Quindi, riassumendo, non solo chi si ferma è perduto, ma anche chi non inizia, chi non ci prova nemmeno, chi si fa soverchiare dalla paura, chi non riesce ad accedere alle proprie preziose risorse interiori per metterle al servizio di se stessi e degli altri, chi si illude di avere il pieno controllo della propria vita e non tributa l'ignoto in segno di rispetto. Certamente stare sul proprio percorso richiede uno sforzo notevole e la vita non è una linea retta dove si parte e si arriva in fondo, è fatta di momenti diversi, di percorsi che possono cambiare, ognuno ha la propria scalata, ognuno unisce i propri puntini personali, non è uguale per tutti. Può succedere che si arrivi alla stessa cima o che ci si incontri in un qualche punto di tangenza dei percorsi, ma il modo in cui ciascuno intraprende la propria strada è unico: le esperienze saranno diverse e le difficoltà altrettanto.

Ci saranno dei passi che possiamo fare solo noi, anche se avere una buona guida, in alcuni tratti del percorso, è fondamentale. In caso di inesperienza o pericolosità, meglio muoversi in sicurezza. Io per la mia scalata non potevo scegliere guida migliore, perché ero "assicurata" a quello che oggi è considerato il miglior alpinista al mondo. Con consapevolezza e in sicurezza, mi ha aiutata a superare un limite con cui senz'altro lui stesso si era già confrontato e che era riuscito ad addomesticare.

Le guide, però, non ci vengono a stanare, siamo noi a dover andare loro incontro, o perlomeno ad avere la giusta predisposizione, la giusta disponibilità. La disponibilità a intraprendere una strada nuova, la disponibilità a crescere, a sbagliare e ricominciare.

Il ruolo di guida è bene spiegato anche da Marchini *sensei*: «Nel karate c'è una figura che aiuta moltissimo: il maestro. Una figura che già nell'immaginario incute rispetto e paura, suscita ammirazione ed emulazione, infonde fiducia e speranza. Il maestro, naturalmente, se è una persona onesta e consapevole di come il suo "potere" si traduca nell'essere al servizio del bene dell'allievo, per cui mai dovrà abusarne, può essere una vera catapulta per "smuovere" l'allievo e aiutarlo a trovare la propria strada. Nel karate, il rapporto allievo-maestro è centrale e fondamentale. "L'attrito intelligente", creato volontariamente dal maestro, è lo strumento con cui il maestro forgia l'allievo per rinforzare la relazione e prepararlo a divenire a sua volta maestro. È l'affrontare le difficoltà che fa migliorare l'allievo e il superamento delle stesse che gli fa scoprire risorse che non pensava di avere».

La guida, quindi, è quella che ci pone la sfida giusta al momento giusto e ci offre la possibilità di riscoprire il nostro lato più coraggioso e avventuroso. Una buona guida è quella che conosce i nostri limiti, sa meglio della nostra mente qual è il momento giusto per procedere, e sa altrettanto bene quando è troppo rischioso avanzare. Non da ultimo, una buona guida è una delle poche figure che può offrirci una forma benevola di comfort: il conforto di sapere che, nel momento più difficile, lei ci sarà.

5

A scuola dalle piante e da quell'anarchico di Kropotkin

Io e l'enorme *ficus* che tengo in casa abbiamo un rapporto elettivo, che si è rafforzato durante il lockdown, quando passavo le ore ad ammirarlo. Mentre riflettevo sull'idea del libro, infatti, sull'importanza di ritrovare, per dirla con Bianciardi, «la vita agra», di tornare comodi nella scomodità, la pianta, con la sua chioma rigogliosa e le foglie lucide, sembrava sorridermi e incoraggiarmi. Sono certa che non abbia mai disapprovato le mie teorizzazioni: concorda con me sul fatto che troppa comodità stroppi, annoi e deprima. Quando la osservo, dal suo vaso gigante mi regala una sensazione di serenità e armonia. Sembra essersi adattata magnificamente a casa mia. Rispetto a tante altre, è decisamente una pianta privilegiata e un po' viziata, ma io la amo così com'è, e anzi vorrei contraccambiare la compagnia che mi offre con più luce, o magari con qualche uccellino che vada a posarsi sui suoi rami e le reciti una pianta-fiaba. A volte mi chiedo se possa viaggiare con la fantasia, e se di notte – così in deficit di avventura e relegata in un appartamento –, mentre emette la sua quota di anidride carbonica, sogni di avere un paio di ruote sotto il vaso per potersi andare a fare un giro.

È anche per il senso di colpa di non poterle offrire un'avventura indimenticabile ma solo un ottimo concime, che decido di informarmi sul concetto di comfort in botanica. Chissà mai che, in qualche modo, riesca a trasferirle telepaticamente qualche informazione utile, se non per questa vita, per la prossima. Spero tanto che possa rinascere – cambiamento climatico permettendo – in un contesto selvatico e adattarsi con entusiasmo a un nuovo ambiente. Mi piacerebbe se rinascesse in India, come *ficus religiosa,* una pianta dal forte significato spirituale in alcune religioni orientali. Si narra infatti che sotto una pianta di *ficus religiosa* il Buddha abbia raggiunto l'illuminazione.

Mi addentro quindi, con il benestare del mio *ficus,* nel mondo delle piante accompagnata da Stefano Mancuso, botanico e docente universitario di Arboricoltura generale ed Etologia vegetale all'università di Firenze e "faro verde" del *Kilimangiaro.*

Prima di affrontare il rapporto tra vegetali e comodità, vorrei ristabilire qualche gerarchia o, se si preferisce, invertire qualche parametro. Non certo quello di miglior parassita del pianeta, che ci spetta nostro malgrado. A dispetto del clamore che noi esseri umani solleviamo, delle "tane" che abbiamo disseminato ovunque e delle infrastrutture che utilizziamo per muoverci –, non siamo però i primi in termini di "volume". Costituiamo una porzione molto piccola del tutto e non siamo assolutamente indispensabili per la vita sul pianeta: se ci estinguessimo, le piante continuerebbero indisturbate a crescere... Le uniche rispettose abitanti a essere indispensabili sono proprio loro, le piante che «sono la vita stessa. È impossibile sminuirne il ruolo: intanto rappresentano la quasi totalità della vita, perché l'87 per cento della vita è fatta di piante, e poi sono alla base della vita. Tutto l'ossigeno che respiriamo viene dalle piante e soprattutto sono loro a fissare l'anidride carbonica, quel gas malefico che noi produciamo e che poi produce il riscaldamento globale» mi aveva raccontato recentemente Mancuso in trasmissione. Ma c'è dell'altro: le piante, infatti «sono per esempio all'origine del clima del pianeta. L'Amazzonia di per sé genera il clima del pianeta. Le sue piante traspirano, cioè assorbono l'acqua, la liberano nell'aria e formano una specie di "fiume aereo" – è proprio così che viene chiamato – che porta più acqua del Rio delle Amazzoni, il più importante fiume del pianeta. Qualora l'Amazzonia si dovesse trasformare in qualche altra cosa a causa della nostra azione dissennata, anche il clima generale del pianeta cambierebbe».

Queste poche righe dovrebbero bastare per "disattivare" la nostra visione antropocentrica e ridimensionare la nostra smania conquistatrice, ma soprattutto dovrebbero farci assumere una postura diversa, di osservazione – invece che di indifferenza e di tracotanza – rispetto a esseri viventi, le piante, che esistono da ben prima di noi e che sono sopravvissuti fino a qui, nonostante i nostri tentativi di sabotaggio più o meno consapevoli. Le piante c'erano già, quando, come ha ricordato Telmo Pievani, l'uomo preistorico compiva i primi timidi tentativi di adattarsi a quello che per lui rappresentava un ambiente ostile. E noi, già nella Preistoria, eravamo ospiti, condizione che oggi – è bene ricordarlo – non è certo cambiata.

Siamo riusciti ad adattarci, individuando le aree più idonee per sopravvivere. La nostra capacità adattiva è migliorata e ci ha permesso di evolvere. Dalla sopravvivenza siamo così passati a vivere dignitosamente e poi, nelle aree più temperate del pianeta, a vivere bene, fino a intrattenere con la comodità un rapporto che da privilegiato si è trasformato in spudorato, senza cioè alcuna misura. E forse, visto che corriamo il rischio concreto di finire letteralmente soffocati dall'eccesso di comodità, un mostro che noi stessi abbiamo creato, dovremmo iniziare a guardare con più rispetto le piante, che finora si sono dimostrate di gran lunga più resistenti, intelligenti e sensibili di noi.

Come hanno fatto ad adattarsi così bene al pianeta e come si traduce la comodità nel regno vegetale?

Stefano traccia innanzitutto la differenza tra zona di comfort umana e vegetale. «Per l'uomo la zona di comfort ha *in primis* una connotazione fisica, di "misurazione", è legata a parametri quali la temperatura e l'umidità, che servono a far stare bene il nostro corpo. In più va ad aggiungersi un aspetto psicologico, sociale, che è fondamentale. Le piante sono un regno a sé e nel loro caso la *comfort zone* ha un nome specifico. In botanica si chiama infatti "areale", ed è l'area geografica in cui i parametri necessari a una singola specie vegetale per sopravvivere si trovano nelle migliori condizioni possibili. Per fare un esempio, l'areale dell'olivo è il Mediterraneo, area nella quale la pianta dell'olivo cresce e prospera.»

Sembrerebbe tutto facile, invece c'è un però: «In queste *comfort zone* botaniche, le condizioni non rimangono sempre le stesse, e quindi anche gli "areali" cambiano e mutano nel corso del tempo, esattamente come per gli uomini. Restando sull'olivo, oggi, il riscaldamento globale sta cambiando il suo areale: se fino a trent'anni fa il limite nord della coltivazione dell'olivo era la Toscana, al di sopra della quale la pianta si trovava soltanto attorno al lago di Garda e in Liguria, perché in quelle aree si creavano microclimi favorevoli, adesso questo confine si è spostato di molto. In soli trent'anni, infatti, l'aumento delle temperature ha permesso all'olivo di espandersi fino quasi ad arrivare in Inghilterra. Restando in Italia, viene addirittura coltivato in Valle d'Aosta, diventata terra di pascoli e olivi, cosa che fino a poco fa poteva sembrare una barzelletta». Questo esempio ci è utile per farci prendere coscienza in modo diretto di una realtà che oggi sta diventando sempre più tangibile ed evidente, e che spesso si palesa attraverso eventi climatici pericolosi per l'uomo: «L'ambiente in cui viviamo non è un ambiente stabile, è invece un ambiente mutevole, che cambia, e quando cambia le specie che si evolvono sono quelle che riescono ad ambientarsi a questi cambiamenti, mentre le altre sono destinate a scomparire».

Come fa una specie ad adattarsi a questi cambiamenti? Come amplia il suo areale? La risposta è sorprendente, perché è esattamente in linea con quanto scritto e sostenuto sin qui: «Lo fa mantenendo al suo interno la più grande variabilità possibile». Le piante fanno un discorso che potrebbe suonare come: "Allora ragazzi, se siamo in tanti e ciascuno mantiene le sue caratteristiche specifiche, ci sarà sempre qualcuno che ce la fa".

Avviene lo stesso nel regno animale e per noi uomini: «Prendendo l'esempio del koala, ecco che questo animale è legato a filo diretto all'eucalipto, e quindi se scompare l'eucalipto scompare anche il koala, perché la sua capacità di adattamento è pressoché inesistente, nutrendosi esclusivamente di eucalipto. La stessa cosa vale per ciascun individuo. Se si sa fare una sola cosa e la struttura o le condizioni per farlo vengono meno o evolvono in qualcosa di diverso che non prevede l'apporto di quel singolo individuo, ecco che il soggetto si trova totalmente sprovvisto di mezzi per sopravvivere. Se uno, come lavoro, sa fare solo il postino e a un certo punto, per assurdo, le poste dovessero chiudere perché l'intero sistema postale diventa digitale, il postino "scompare", non lavora più». Ecco, quindi, che per tutte le forme viventi del pianeta è vitale la flessibilità, la capacità cioè di mettere in campo risorse diverse, un atteggiamento che promuova il cambiamento e renda possibile l'adattamento.

A questo punto, appurato che anche le piante dispongono di una *comfort zone*, e che anche per loro la flessibilità è una *conditio sine qua non*, vengo al dunque e chiedo se sperimentino la "scomodità" e se quest'ultima si riveli utile per la sopravvivenza e l'evoluzione di una specie botanica, se funzioni come un corroborante.

Stefano mi racconta di un esperimento condotto qualche anno fa insieme alla sua squadra di ricerca per osservare il comportamento degli insetti: «Per mettere a punto questo esperimento, molto semplice, serve una sorta di camera a forma di y, costituita da una y rovesciata. Dopo aver inserito sulle due biforcazioni della y rovesciata sostanze diverse, viene fatto entrare un insetto e si studia da cosa è attratto. Per fare un esempio facilissimo: prendo delle formiche e le faccio passare per il condotto: se sulla biforcazione di sinistra ci metto lo zucchero e su quella di destra il peperoncino, accadrà che tutte le formiche si dirigeranno a sinistra».

Lo hanno ricreato identico per le piante, introducendo radici al posto degli insetti: «Le radici si orientano da una parte o dall'altra a seconda di quello che c'è di buono. Se si introduce una sostanza piacevole, solo una, tutte le radici si orientano verso quella sostanza. Se si mette invece una sostanza buona da una parte e una cattiva dall'altra, la maggioranza delle radici gira verso quella "golosa", ma ce ne sono sempre due o tre che vanno controcorrente, verso la sostanza che non è "appetitosa" per loro. Cosa significa questo? Sono forse delle radici stupide? Niente affatto, la ragione si trova proprio nel concetto di "scomodità oggi per avere un'eventuale comodità domani". L'apparato radicale di una pianta è molto vasto, sono centinaia o migliaia di radici, perciò la pianta mantiene una sua flessibilità, mandando dalla parte meno "facile" una piccola percentuale di radici. Nella maggioranza dei casi non servirà a nulla, la pianta non avrà bisogno di fare un cambiamento adattivo o non troverà il modo di farlo, ma una volta su cento – grazie al pionierismo di quelle poche radici – la pianta potrebbe scoprire qualcosa di nuovo, qualcosa che le serva a progredire».

È una situazione analoga a quella del piccolo manipolo di avventurieri ed esploratori, la cui curiosità e adattabilità ci ha permesso di essere qui oggi.

Stefano mi spiega che la stessa strategia, per esempio, può essere applicata alla finanza. Le start-up sono dei sistemi ad alto rischio: su mille start-up, infatti, novecentonovanta scompaiono, perché si rivelano idee non realizzabili, troppo costose o troppo avveniriste e perciò di fatto non in grado di essere pienamente comprese. Dieci però prosperano, e queste dieci diventano vere e proprie macchine per fare soldi, capaci di coprire il fallimento delle altre novecentonovanta. E in effetti i fondi di investimento che investono in start-up non si prendono nemmeno la briga di fare una selezione, scommettono su tutte, anche su quelle che sono evidentemente folli. Perché? La risposta è che applicano il metodo statistico, sapendo che il rischio finanziario che corrono verrà comunque ripagato generosamente quando una start-up tra le tante su cui hanno puntato si rivela innovativa e universale. Il successo di quest'unica garantisce un guadagno molto superiore alle perdite.

«Le piante – ma anche l'uomo – fanno lo stesso "ragionamento".» Alla base di tutto questo, c'è una regola della vita fondamentale, che in un certo senso viene anche prima del concetto di scomodità, perché evidenzia un principio universale: «La vita non segue sempre e soltanto la via più facile, perché se segui sempre e soltanto la via più facile scompari. Le vere innovazioni, i veri salti, ciò che permette di fare un balzo in avanti significativo, avvengono quando scegli delle strade che sono scomode, inesplorate, o che non sai dove ti portano, addirittura molto spesso controintuitive».

Tutto torna. Sia dal punto di vista evoluzionistico (con Pievani), sia da quello botanico (con Mancuso), e alpinistico-marziale-agonistico (con Barmasse e Marchini), la scomodità non è solo importante, diventa vitale se non vogliamo rischiare di rimanere bloccati in meccanismi che per noi non sono più "appetitosi" e diventano invece "velenosi". Se noi fossimo oggetto di un esperimento e ci dovessimo introdurre in una camera a Y rovesciata con da un lato del gelato e dall'altro una crocchetta senza particolare attrattiva e dagli ingredienti non meglio precisati, quale sostanza sceglieremmo? Se imitassimo le piante e agissimo di comune accordo, manderemmo qualcuno a provare la sostanza meno golosa, un piccolo sacrificio iniziale che potrebbe però rivelarsi utile in futuro, qualora le abituali risorse iniziassero a scarseggiare – ne sono un ottimo esempio gli alimenti a base di farina di grilli, che dieci anni fa erano fantascienza e oggi invece sono già arrivati sulle nostre tavole. Non agendo come loro, invece, cosa facciamo? Sulla base di una spinta egoistica, ognuno per proprio conto, ci buttiamo senza pensarci un attimo sul gelato. Dapprima il gelato ci sazia, ma a lungo andare tutto quello zucchero si rivelerà velenoso per noi, facendoci anche venire una gran sete. E se poi nella camera a Y rovesciata l'acqua non ci fosse? Per questo è importante concertare le scelte, agire sulla base di strategie comuni, senza dimenticare che una piccola quota, necessariamente, dovrà avere una funzione perlustrativa o dovrà essere sacrificata.

Ma anche le piante in qualche modo contemplano il concetto di "aspirazione alla superiorità"?

«Noi uomini basiamo molto i nostri comportamenti sulla sopravvivenza individuale e questa in termini generali non è la strategia migliore da adottare», mi dice Stefano cercando di semplificare un discorso molto complesso.

Le piante, rispetto alla specie umana, si contraddistinguono per il fatto di non essere individui. «La parola individuo deriva infatti dal latino *individuus*, che significa appunto "indiviso, indivisibile"». Oggi, grazie ai progressi in campo medico, anche l'uomo, che è un essere "indiviso", se mancante di un arto – come una gamba – può sopravvivere. Ma lasciato a se stesso, senza la possibilità di essere curato, l'uomo muore. Biologicamente, infatti, funziona in modo differente, le sue funzioni vitali sono demandate a organi singoli o doppi, ognuno con una funzione specifica e insostituibile. Il cervello, per esempio, non può svolgere il compito dello stomaco. Le piante invece non hanno organi e funzionano come se fossero una rete: «Non sono individui, perché sono "divisibili", se vengono tagliate a metà possono tranquillamente sopravvivere. E poi, questione fondamentale, per le piante la comunità ha un'importanza di gran lunga superiore rispetto al singolo esemplare». Dovremmo quindi prenderne esempio e imitare la loro condotta. In realtà, i Greci questo l'avevano già capito. Come ricordava Umberto Galimberti, nel corso della conferenza *La doppia vita*, la Grecia è un ottimo esempio di come la collettività possa essere anteposta alle ragioni del singolo. Le città-stato, le *poleis*, formatesi a partire dall'VIII secolo a.C., erano così fiorenti proprio perché il principio guida era quello della relazione tra individui. Era infatti la relazione a definire l'individuo. È la *polis* a dare un volto identitario ai cittadini, è cioè solo riconoscendo l'appartenenza a una data comunità, ateniese, spartana, tebaica, osservandone le leggi e rispettandone i costumi, che si può dire: "Io sono". Le istanza della *polis* vengono prima di quelle dell'individuo.

Noi, oggi, abbiamo davvero perso questa capacità di subordinare l'interesse individuale a quello collettivo? Ci sono tanti esempi di solidarietà che dicono il contrario, come i giovani volontari che hanno prestato le loro fresche energie a ripulire dal fango i comuni romagnoli devastati dall'alluvione. A livello macro, però, le cose sembrano andare in una direzione contraria.

Per risollevare gli animi, Stefano mi racconta un bell'aneddoto, la storia di un famoso biologo evoluzionista russo dell'Ottocento, Pëtr Kropotkin (1842-1921), che era anche un principe, nonché filosofo, geografo militante e anarchico. Quest'uomo dalla mente straordinariamente viva e pulsante, per le sue idee anarchiche venne allontanato da Mosca e confinato in Siberia per ordine dello zar. Gli spiriti liberi e gli imperi non sono mai andati a braccetto, si sa. Kropotkin, però, non si diede per vinto e, una volta in Siberia, cioè in una delle regioni più ostili del pianeta che lo zar aveva comodamente a disposizione per confinare i suoi nemici, a contatto con le popolazioni siberiane originarie scoprì una cosa straordinaria: presso quelle popolazioni, la parola "competizione" non esisteva. In quei villaggi, dove vigeva soltanto la cooperazione, non se ne conosceva il significato. Dopo aver studiato popolazioni, flora e fauna della Siberia, Kropotkin riportò le sue osservazioni in un volume tradotto in Italia con il titolo *Il mutuo appoggio. Un fattore dell'evoluzione.* Scelse di utilizzare un'espressione meravigliosa, "mutuo appoggio", invece di comunità o simbiosi, un'espressione che traduce in una forma quasi fisica l'idea della cooperazione, l'idea di potersi appoggiare anche con il proprio corpo l'uno all'altro. Per sostenere la sua teoria, innanzitutto sfata l'idea di lotta e competizione nel mondo animale: «Ogni specie tende continuamente a estendere il proprio territorio; le migrazioni verso nuovi spazi sono la regola, tanto presso la lenta lumaca quanto presso il rapido uccello; le condizioni fisiche si trasformano incessantemente in ogni regione; e le nuove varietà animali in un gran numero di casi, se non nella maggioranza, si formano non grazie allo sviluppo di nuove armi capaci di strappare il nutrimento ai propri simili – il nutrimento non è che una delle centinaia di condizioni necessarie alla vita – ma [...] grazie all'adozione di nuove abitudini, allo spostamento verso nuovi *habitat* e all'assunzione di nuovi alimenti. In questi casi non ci sarà sterminio e neppure competizione, poiché il nuovo adattamento porta ad attenuare la competizione, ammesso che effettivamente ci fosse»[4].

E prosegue: «Fortunatamente la competizione non è la regola né nel mondo animale né nel genere umano. Negli animali è ristretta a periodi eccezionali, mentre la selezione naturale trova occasioni decisamente migliori per operare. Condizioni migliori sono appunto create dalla eliminazione della competizione per mezzo del reciproco aiuto e del mutuo appoggio. Nella grande lotta per la vita – per una vita di massima pienezza e intensità a fronte di un minimo dispendio di energia – la selezione naturale cerca sempre i mezzi per evitare la competizione per quanto è possibile»[5].

Allora la competizione ce la siamo inventati noi di sana pianta? No. La competizione, secondo Kropotkin, si scatena in una condizione particolare. Come mi spiega Stefano, «la competizione ha una ragione d'essere soltanto quando c'è una grande quantità di

4 I brani riprodotti qui di seguito sono tratti dall'edizione italiana del 1925 de *Il mutuo appoggio*, nella traduzione (rivista) di Camillo Berneri, contenuti in Petr Kropotkin, *Scienza e anarchia*, a cura di Giampietro N. Berti, Elèuthera, 1998, p. 92.
5 *Ibidem*. eleuthera.it/files/materiali/Kropotkin_Scienza_e_anarchia.pdf

risorse disponibili. A prima vista è un concetto controintuitivo, perché siamo portati a credere che sia il contrario: meno sono le risorse, più cresce la competizione per accaparrarsele. Kropotkin dimostra invece, attraverso il suo studio, che non è così: quando le risorse sono in calo, e soprattutto l'ambiente è particolarmente ostile, la strategia di sopravvivenza più indicata e utile è proprio il mutuo appoggio».

È davvero controintuitivo, ma non mettersi comodi vuol dire anche questo: modificare i pattern abituali del cervello, abbandonare abitudini mentali viziate, rimanere aperti, sempre pronti ad assegnare nuovi significati, ad abbracciare nuove prospettive, a concedersi il beneficio del dubbio. «L'uomo deve dubitare: il dubbio è un atteggiamento di ricerca, di esplorazione: la certezza, soprattutto quella ideologica o dogmatica, può forse renderlo più integrato, e in un certo senso più felice, ma con un costo intellettuale molto elevato, che è quello della sua rinuncia a dubitare, esplorare, e quindi pensare»[6] scriveva Piero Angela. Del resto, prima di lui, già Norberto Bobbio aveva dato un'indicazione analoga, individuando il compito dell'uomo di cultura,«quello di seminare dubbi, non di raccogliere certezze»[7].

Proviamo a invertire i poli competizione-scarsità / abbondanza-cooperazione e a trasformarli in competizione-abbondanza / cooperazione-scarsità in attesa che da questa nuova configurazione scaturiscano

6 Piero Angela, *Da zero a tre anni*, Garzanti, 1975.
7 Norberto Bobbio, *Invito al colloquio*, in *Politica e cultura*, Einaudi, 1955, p. 15.

pensieri ordinati. Forse quando la scarsità di risorse a cui stiamo già andando incontro e i grossi cambiamenti climatici interesseranno la stragrande maggioranza della popolazione planetaria riscopriremo a livello collettivo la logica del mutuo appoggio, concetto importantissimo e rivoluzionario come il suo inventore, che ammoniva: «Sebbene avvengano guerre tra le diverse classi di animali e le diverse specie, o anche tra i diversi gruppi della stessa specie, la concordia e il mutuo appoggio sono la regola all'interno dei gruppi e delle specie; e abbiamo anche visto che le specie che meglio sanno unirsi ed evitare la competizione hanno le maggiori probabilità di sopravvivere e di svilupparsi ulteriormente. Queste prosperano, mentre le specie non sociali deperiscono»[8].

Questo ci fa riflettere su una cosa: «Da quando è iniziata la civiltà umana, diecimila anni fa, noi abbiamo vissuto in un ambiente tendenzialmente stabile e uniforme con una gran quantità di risorse. Adesso invece queste condizioni sono cambiate, perché siamo tantissimi e in costante crescita, le risorse sono in calo e l'ambiente non è più stabile. Con il riscaldamento globale, l'ambiente diventerà sempre meno adatto alla crescita» ricorda Mancuso. Per noi, l'abbiamo visto, sarà un problema di difficile soluzione. Gaia Vince, nel già menzionato *Il secolo nomade*, sostiene che, a proposito di Siberia, saremo costretti a erigere su quel territorio megalopoli dal niente, perché la desertificazione avanzerà, le temperature si alzeranno,

8 Petr Kropotkin, *Scienza e anarchia*, cit., pp. 95-96.

e molte città diventeranno invivibili per la maggior parte dell'anno.

Le piante invece? Hanno già trovato una soluzione rispetto al problema dell'instabilità dell'ambiente e dei cambiamenti climatici?

Ovviamente la risposta è sì. Negli ultimi anni si stanno avvalendo di una strategia, la migrazione, che noi uomini, in questo momento, almeno in Occidente, stiamo addirittura ostacolando, tesi alla difesa dei nostri confini nazionali. «Negli ultimi vent'anni, invece, generazione dopo generazione, le piante si sono organizzate e hanno cominciato, in linea con i cambiamenti climatici, ad andare sempre più a nord e sempre più in alto. Le piante sono grandi pioniere, si muovono tantissimo, seguono l'ambiente.»

Le piante quindi non assegnano alla comodità nessun peso specifico oltre a quello rappresentato dall'areale, anzi, costituiscono un esempio virtuoso in termini di flessibilità, adattabilità, avventura e avanguardia. Siamo noi che, ottenebrati dal benessere, ci siamo accomodati nell'area relax facendo finta di guardare uno scenario fisso e immutabile. E invece, ecco qui, nemmeno le piante sono così fesse da pensare che possa tutto restare cristallizzato in un fotogramma, o un'immagine da copertina – patinata e rassicurante nella sua inalterabile bellezza. Neanche le piante hanno radici indissolubili e perenni. Anche se le vediamo ferme e sostanzialmente inermi, le piante ci hanno già preceduto, si stanno adeguando prima di noi al cambiamento velocissimo che sta avvenendo nella biosfera a causa del nostro stile di vita. Non si peritano di giudicare il nostro operato. Non hanno tempo per questo. Si adeguano da sempre, in una sorta di muto dialogo con il pianeta.

Zitte e buone, sì, ma intanto conoscono una verità che noi oggi non vogliamo vedere: «Non esiste la vita stabile, l'idea che ci possa essere fissità nella vita è una stupidaggine, la vita è un fenomeno dinamico» ammonisce Stefano. È quindi necessario adattarsi costantemente ai cambiamenti. «Se non ti adatti di continuo, muori, scompari.»

L'uomo è un animale – parola che deriva dal latino *animalis*, "che dà vita, animato", e quindi in movimento –, al pari degli altri animali risolve i problemi sostanzialmente spostandosi, aggirando gli ostacoli o allontanandosi da luoghi per lui ostili o con poche risorse. Nel corso della storia ci siamo spostati – potendo – in territori più favorevoli. Le piante, invece, non possono spostarsi, non possono scavalcare i problemi, e perciò sono costrette a risolvere quelli che via via si presentano loro nel punto in cui si trovano, che piova, tiri vento o ci sia il sole. Se popolano il pianeta da milioni di anni, le sfide che hanno dovuto affrontare le hanno risolte tutte, sfruttando – come abbiamo visto – la forza della comunità.

Questo mi fa riflettere ancora una volta sul significato di movimento, perché Stefano – al pari di Kropotkin – ha rovesciato la mia prospettiva abituale, che assegnava al movimento una valenza positiva sempre e comunque. Invece, se il movimento si traduce in fuga, se diventa l'occasione per non assumersi le proprie responsabilità o per non portare a termine un compito, o diventa un movimento di rinuncia, invece di aiutarci ci porta solo a differire il momento in cui saremo costretti ad affrontare nuovamente il problema. Si potrebbe sintetizzare questo tipo di comportamento con l'espressione "movimento comodo", lo stesso che noi occidentali abbiamo adottato fin qui spostando più avanti la risoluzione dei problemi e continuando imperterriti nelle nostre faccende. Peccato che il movimento comodo adesso non sia più un'opzione, perché alcune problematiche non sono più rimandabili. Negli Stati Uniti d'America, a Las Vegas, per le condizioni siccitose del lago Mead, che rifornisce acqua a tutta la città, già dal 2022 sono stati presi provvedimenti drastici, vietando l'erba nei nuovi cortili, ed esiste un corpo di vigilanza speciale, la Water Patrol, che si occupa di individuare gli sprechi d'acqua derivanti dall'irrigazione dei giardini e delle aree pubbliche perché non ci si può permettere che una bocchetta di irrigazione sia rotta o guasta e lasci fuoriuscire più acqua del dovuto. Entro il 2027 sarà vietato bagnare i prati che abbiano una destinazione d'uso estetica o ricreativa.

La stabilità è un'illusione, e finché continueremo ad alimentare questa utopia, non risolveremo i tanti problemi che ci affliggono. Quello che possiamo fare, invece, è rovesciare il concetto di competizione, per trasformarlo in quello positivo, e oggi decisamente più urgente, di mutuo soccorso.

Kropotkin accusava gli storici di vedere, nel corso della storia, solo gli aspetti negativi: «I poemi epici, le iscrizioni monumentali, i trattati di pace… quasi tutti i documenti storici hanno il medesimo carattere: trattano della violazione della pace, non della pace stessa», come se «i giorni sereni e soleggiati» siano «perduti di vista nelle tormente e negli uragani». E forse aveva ragione. È vero che, se fossimo nella Grecia antica, saremmo nella stagione dei tiranni e non in quella della *polis*, ma uno sforzo positivo va fatto: «Dopo aver tanto udito parlare di tutto quello che ha diviso gli uomini, bisogna ricostruire pietra su pietra le istituzioni che li tenevano uniti»[9] suggeriva.

E allora facciamolo, pietra su pietra, puntelliamoci su quello che di buono abbiamo già costruito sin qui, e diamo vita a un virtuoso movimento di mutuo soccorso. Le piante lo mettono già in pratica, foglia su foglia, per la loro comunità. Indirettamente, lo fanno anche per la comunità umana. "Proprio come le piante, voi siete una gigantesca famiglia" mi suggerisce telepaticamente il mio *ficus*. "Riscoprendo la nostra bellezza, il nostro silenzio, la nostra umile vitalità, il nostro mutuo soccorso, forse vi rimetterete sulla giusta strada." Parole di saggezza alla clorofilla.

9 *Ivi*, p. 100.

6

Non accontentiamoci

Perché accontentarmi? È una domanda che ha accompagnato buona parte della mia vita professionale. Quando ho condotto programmi come *Loveline* (MTV), o *Amore criminale* e *Tatami* (Rai 3), a un certo punto mi è sempre comparsa nella testa una sorta di scritta al neon, con questa domanda che lampeggiava senza sosta. In verità, non a un certo punto, ma in un momento preciso, quello che se protratto trasforma un'esperienza ricca, vincente e formativa in un'esperienza abitudinaria e poco stimolante, perché il potere trasformativo, la gittata di quell'esperienza, come un'onda che si è formata in mare aperto e ha viaggiato a lungo, sta per srotolarsi a riva, sta per finire. Ogni volta che questa spia luminosa si è accesa, nel corso della mia carriera, ho messo in atto un cambiamento, abbandonando quello che era diventato un contesto per me comodo, sicuro, a cui nel tempo mi ero adattata magnificamente, ma che in quel momento non destava in me più nessuno stupore o meraviglia.

Alla fine sono sempre stata coraggiosa, o forse incosciente, al punto da rinunciare a rinnovare il contratto per delle trasmissioni che ho condotto, benché i direttori che si sono susseguiti avrebbero voluto che restassi nel programma. Io, però, sapevo che rimanendo troppo a lungo mi sarei accontentata di una vittoria di cui non ricordavo più il sapore, pur nella consapevolezza dell'ottimo livello di professionalità acquisita. Le trasmissioni godevano di grande successo: *Amore criminale* va in onda ancora oggi e *Loveline* era una trasmissione seguitissima.

Non che fossi insoddisfatta, delusa o frustrata, perché ero contenta del mio lavoro, ma mi sarei comunque accontentata: dopo un tot di stagioni, in cui avevo "vinto" al tavolo del casinò televisivo, mi era chiarissimo che era arrivato il momento di muovermi, di cambiare. Intanto perché, come accade al casinò, dopo che si è guadagnato il gruzzolo si comincia a perdere, e dunque strategicamente è saggio lasciare il tavolo da vincente. E poi perché sentivo ancora la necessità di esplorare, di trovare dentro di me nuove risorse. Avevo – e ho tutt'ora – ancora molte possibilità davanti a me, tante imprese in cui cimentarmi. Perché avrei dovuto fermarmi come donna e come professionista? Anche se da un certo punto di vista avevo fatto centro, avevo conquistato il pubblico e la direzione, per me era giusto non accontentarmi, era giusto tornare a sperimentare. E così da *Amore criminale* mi è stato affidato *Tatami* e poi *Kilimangiaro.*

Non sono stata mossa dall'arroganza, dall'ingratitudine, dall'idea di dover cambiare per forza o dalla fretta di passare ad altro – quest'anno ho condotto la nona stagione di *Kilimangiaro,* dedicando quindi nove anni della mia vita a lavorare ed esplorare pienamente l'opportunità *Kilimangiaro*, che per me è stata sinora ricchissima, perché ho conosciuto e avuto il piacere di ospitare in studio persone straordinarie. Quando ho cambiato, sono stata mossa dalla consapevolezza di aver dato quello che volevo e potevo a quella esperienza e di aver ricevuto indietro altrettanto. Ma quella parabola si stava chiudendo e dovevo prepararmi a una nuova sfida.

Non ho mai lasciato che la mia asticella, alta o bassa che sia, si prendesse una pausa per ciondolare e fare stretching. L'asticella sta sempre bella dritta e impettita come la guardia davanti a Buckingham Palace. Ogni esperienza è diversa e per apprendere le lezioni che vi sono contenute possiamo impiegare più o meno tempo. Ma questo non ha importanza. Come insegna Confucio: «Non importa quanto vai piano, l'importante è non fermarti».

Non accontentarsi è un modo per non deviare da quel percorso che, tappa dopo tappa, ci conduce al miglioramento e alla conoscenza di noi stessi, e di cui Barmasse e Marchini sono un coraggioso esempio. Ma è anche un modo per renderci conto della condizione privilegiata in cui ci troviamo e per essere grati delle numerose possibilità che abbiamo.

Nella maggior parte dei casi, infatti, è la vita a porci dei limiti, a confinarci entro determinate aree, e a rendere difficili alcuni passaggi. Non sempre si può scegliere. Se nasci in India, dove la società è ancora organizzata in caste, per esempio, è ben difficile riuscire a risalire la piramide sociale. Ci si deve accontentare per forza. Le donne, in Iran, per il fatto di non accontentarsi della brutalità di un sistema che non ne rispetta i diritti, vengono giustiziate. È recente la notizia che il regime abbia tolto il diritto all'istruzione e ai servizi scolastici alle studentesse senza velo. Le allieve devono portare l'*hijab* e conservare la castità. In questo caso, se non ti metti il velo, non puoi studiare. E se non puoi studiare, quindi, ti è totalmente preclusa la scelta di accontentarti o meno di un voto. In certi luoghi del pianeta non sanno nemmeno cosa significhi avere l'opzione di non accontentarsi, è tutto molto più crudo e violento: o si accontentano o si ribellano, mettendo a rischio la propria vita.

In Occidente è diverso, nella maggior parte non ci sono dei limiti così impossibili da superare. Ciò significa che, i paletti, spesso e volentieri, ce li autoimponiamo noi. Condizionati dal contesto sociale, familiare, educativo, culturale e caratteriale, siamo noi stessi a ridurre le nostre possibilità, a imporci dei confini non necessari, che da immaginari diventano poi, purtroppo, reali.

Abbiamo visto, con Hervé Barmasse e Dario Marchini, cosa significa superare i propri limiti, ma non cosa significa compiere l'operazione opposta, cioè cucirseli addosso, obbligandosi a vivere in una condizione di ristrettezza psicofisica. Nel primo caso equivale a mettersi scomodi, nel secondo a prenotarci un soggiorno piuttosto lungo ed estenuante in una scialba area di comfort.

Il vantaggio di questa seconda opzione? Essere sicuri che non ci saranno sorprese nefaste. Se non ci si misura, infatti, non si può perdere, si riesce ad aggirare il timore di fallimento, si vanifica la paura di non raggiungere un obiettivo che è, o sembra, troppo ambizioso. Nello stesso tempo, però, ci si priva del piacere della sorpresa, iscrivendosi all'albo dei rinunciatari. Come si fa a vivere una condizione emotiva dove non si profili mai all'orizzonte lo stupore?

Al contrario, chi esce di casa libero da autocensure si espone automaticamente al rischio del fallimento, non si autocondiziona, ma si arma di volontà e determinazione per raggiungere l'obiettivo che si è prefisso, e viene quindi iscritto nel registro dei coraggiosi.

Rispetto a questi due estremi, il rinunciatario assoluto e il valoroso dedito alle grandi imprese – che, come abbiamo già visto, non tutti sono chiamati a compiere –, c'è anche una via di mezzo, quella di chi, di volta in volta può decidere, in coscienza, se accontentarsi o meno. Per noi occidentali si tratta di scegliere, nella maggior parte dei casi, tra sicurezza e sfida. Mi accontento e resto al sicuro o mi cimento?

Nella nostra società, la sicurezza, al cui interno può rientrare anche la comodità, è diventata una protagonista assoluta, l'obiettivo più alto da raggiungere. Ottenuta quella, possiamo dirci felici. Ma in cosa si identifica oggi la sicurezza? Per la generazione come la mia la sicurezza coincide con istituzioni e valori che hanno trovato la loro piena espressione nella seconda metà del Novecento, come il matrimonio, la casa, un posto fisso, la pensione. Agli occhi delle generazioni dagli anni Ottanta in poi, queste istituzioni appaiono invece meno attuali e meno accattivanti, e spesso i giovani fanno scelte che consentono loro di restare più "mobili" o fluidi: il lavoro autonomo, una casa in affitto, un'unione di fatto. Vero è che le soluzioni di un tempo sono molto meno accessibili oggi, perché gli stipendi sono bassi, le case costano tantissimo, i mutui sono vertiginosi e gli avvocati faticano a gestire tutte le cause di divorzio che piovono loro sul capo. I giovani di oggi si trovano al cospetto di uno scenario molto più instabile da un lato, basti pensare alla precarietà sul lavoro, e più dinamico dall'altro, un esempio positivo può essere lo *smart working*. E probabilmente si andrà sempre più verso questo dinamismo, verso questo abbattimento di confini fissi e stabili, perché oggi non ci sono più le stesse condizioni che garantivano la sicurezza di cui abbiamo beneficiato a partire dal secondo dopoguerra. L'instabilità è tornata a bussare alle nostre porte.

Anche la sicurezza, quindi, è un parametro estremamente mutevole che bisognerebbe imparare a guardare con occhio critico. Ci interroghiamo abbastanza sul suo valore? A cosa dobbiamo rinunciare per ottenerla? E quello che mi rende sicuro oggi mi renderà sicuro domani? Io personalmente direi di no, perché i cambiamenti che ci aspettano ce ne toglieranno tante. Oggi siamo sicuri di poter avere l'acqua che scorre dai nostri rubinetti a tutte le ore del giorno, ma domani? Se però stiamo attenti a non lasciare aperto il rubinetto mentre laviamo i piatti, come siamo costretti a fare quando siamo in barca e abbiamo un serbatoio molto limitato per la nostra pulizia personale, per lavare le stoviglie e tenere puliti gli spazi, imparando a non dare per scontato questa risorsa, domani non andremo completamente nel panico qualora dovesse essere razionata. Oggi possiamo ancora permetterci di esporci di nostra volontà a piccole dosi di insicurezza senza doverla subire a seguito di eventi calamitosi su cui non abbiamo nessun controllo. Farlo ci permette di smantellare l'idea che la sicurezza sia un dato di fatto, predisponendoci così a rispondere in modo più elastico alle situazioni e allenandoci all'adattabilità. Senza stravolgere la nostra realtà, soffermiamoci di tanto in tanto sul nostro "pacchetto di garanzia" – dagli ingredienti da cui è costituita la nostra sicurezza –, chiediamoci se funziona così com'è o ha bisogno di essere riconsiderato e magari svecchiato.

Concediamoci l'opportunità di migliorare in qualche ambito della nostra vita, diamoci la possibilità di cambiare e non assegniamo alla sicurezza un significato unico e inappellabile.

Nel mio caso, per esempio, la sicurezza non ha coinciso con la felicità, che mi sono invece dovuta guadagnare dopo un percorso a ostacoli. Spesso i paletti me li sono trovati per strada come fossero lunghe transenne, senza avere la possibilità di aggirarli, altre volte non li ho voluti aggirare di proposito, per scoprire cosa avrei trovato dall'altra parte. Non mi si prenda per un'accanita masochista dedita solo alla fatica e al cilicio. Tra un ostacolo e l'altro non sono mancati, e non mancano, lunghi momenti di comodità, altrimenti la mia vita potrebbe serenamente definirsi una tortura, ma quando la strada davanti a me era sbarrata non ho mai desistito. Sono stata sempre felice di ciò che ho trovato dall'altra parte e sono stata felice di dedicarmi a un'impresa diversa quando era tempo di andare.

Ho fatto miei quei versi della canzone di Alanis Morrissette *Thank U* che recitano: «*The moment I let go of it was the moment / I got more than I could handle / The moment I jumped off of it / Was the moment I touched down*». Nel mio caso, la vita mi ha dimostrato che quando ho avuto il coraggio di mollare, di lasciarmi alle spalle un'esperienza, c'è sempre stata la rete di protezione sotto, non sono mai precipitata nel vuoto, anzi, come canta Alanis, avevo già appoggiato il piede a terra, senza alcuno schianto. E poi la vita mi ha sempre ripagata con delle belle sorprese. Mi è capitato davvero tante volte, per esempio quando ho deciso di lasciare MTV senza avere dall'altra parte un'offerta lavorativa concreta, un'alternativa reale. È stata una decisione molto sofferta per me, causa di notti insonni, perché di fatto andava tutto più che bene: pur essendo giovanissima, ero all'apice del successo, e guadagnavo molti soldi, anche più di adesso. Nonostante questo non ero felice, mi sentivo frustrata, era come se un pungolo interiore mi tormentasse, spingendomi a non fermarmi. E in effetti, poi, mi si sono aperte nuove porte, mi sono successe delle cose belle. Mi si è presentata l'occasione di andare a vivere a New York, in una delle città più dinamiche del mondo, soprattutto in quel periodo, alla fine degli anni Novanta, quando era davvero la "capitale" del mondo. Avevo solo ventiquattro anni, e ci sono rimasta per tre anni con il mio compagno di allora: è stata un'esperienza incredibile nella mia vita, che non sarebbe esistita se non avessi mollato la sicurezza che MTV rappresentava per me in quel momento. Forse la mia scelta in parte è stata dettata anche da un briciolo di incoscienza, quella voglia di "mangiarti il mondo" che hai solo a vent'anni. Poi, crescendo, l'incoscienza si è trasformata in una più calcolata spinta a osare, ma c'è sempre stato "uno slancio" in me, una curiosità di vedere cosa mi avrebbe riservato la vita.

Questo libro uscirà a pochi giorni dal mio quarantanovesimo compleanno, e forse il motivo per cui l'ho scritto è innanzitutto per spronare me stessa a non barattare la sicurezza per l'avventura. La prima persona su cui voglio fare leva sono io, inconsciamente è come se dicessi a me stessa, man mano che scrivo, di non smettere di osare, di avere coraggio, di non fermarmi in nome della sicurezza. La scritta al neon ha lampeggiato. Non si possono, a cinquant'anni, con le responsabilità decuplicate rispetto ai vent'anni, attuare cambiamenti con la stessa spensieratezza della gioventù, le modalità sono necessariamente diverse. Ma ci sono delle persone "grandi", a cui mi ispiro tantissimo, che non hanno perso la giovinezza interiore, la capacità di mantenere attiva la curiosità e lo spirito di ricerca, quella freschezza che si traduce in vitalità. Non hanno mai scelto la via più facile, non si sono accomodate, non hanno fatto della sicurezza il loro credo.

Tra di loro, c'è anche mio padre, di cui ho ritrovato un biglietto scritto in ospedale, poco prima che morisse. Si era ammalato di leucemia negli anni Novanta, e allora non c'erano cure per le leucemie linfatiche, dalla diagnosi c'era un'aspettativa di vita di circa sette anni e così è stato anche per lui. Pur conoscendo il destino che lo aspettava, o forse proprio per questo, il biglietto, scritto in spagnolo, diceva: *Quiero morir vivo* (voglio morire vivo). Più passano gli anni, più mi rendo conto del significato importantissimo di quello che ha scritto, e mi auguro che sia così anche nella mia vita: vorrei invecchiare e morire viva. Me lo auguro per me stessa, perché vedo invece che ci sono tante persone che è come se avessero già scelto di non vivere, pur essendo vivi. Io, invece, vorrei morire in un momento in cui qualcosa di grandioso, di geniale, di vitale, sta accadendo per me.

Tornando a MTV, la scelta di fare quel salto si è rivelata giusta, la mia risolutezza è stata premiata. Dopo i tre anni a New York, infatti, MTV Italia, nella persona di Antonio Campo Dall'Orto, mi richiamò con una nuova proposta di lavoro. Forse questa è stata per me la vittoria più grande, la dimostrazione del fatto che quando si fanno le cose che si sentono e quando si ha il coraggio di rischiare, di solito il premio non tarda ad arrivare: condussi per i successivi cinque anni *Loveline*. Lasciando il sicuro per l'insicuro, avevo ottenuto il doppio di quello con cui ero partita. Innanzitutto perché *Loveline*, grazie alla squadra autoriale, alla visione manageriale e al supporto dell'intera rete di MTV, è stato un programma di grandissimo successo che ha segnato la storia della televisione italiana, e poi perché non succede tutti i giorni di essere richiamati da un posto da cui si sceglie di andare via e per giunta dopo tre anni di intensa vita newyorchese. Peraltro, Antonio Campo Dall'Orto mi aveva lasciato carta bianca sul compenso, avrei potuto chiedere quello che ritenevo giusto per la conduzione del programma. È stata una generosità che, per correttezza, non ho sfruttato in termini materiali, ma che è andata a puntellare la mia autostima.

Perciò non solo chi si ferma è perduto, ma anche chi si accontenta, chi non osa spingersi un po' più in là, è perduto, perché può perdere un'opportunità che gli viene data. E – come abbiamo visto – non è scontato avere una possibilità.

Se ciascuno di noi restasse in movimento senza accontentarsi, sarebbe spazzata via la mediocrità – che io considero una piaga al pari delle cavallette in un campo coltivato a mais. Tutta la società ne trarrebbe beneficio.

Un esempio classico in cui la differenza tra accontentarsi e scegliere di non farlo ha delle evidenti ricadute è la relazione amorosa. Quante coppie stanno insieme e si accontentano usando la scusa dei figli, per esempio? Mi pare un equivoco diffuso nella nostra società, ma a me sembra invece piuttosto ovvio che i figli stanno bene se anche i genitori sono in armonia, non se i genitori restano insieme comunque, nonostante le tensioni. Perché immergerli in un ambiente avvelenato da incomprensioni e rivendicazioni? Perché stare con un uomo o una donna che non si ama più? Qual è la vera ragione di questo accontentarsi, perché non dirsi con onestà: "Ok, questa storia d'amore è stata piena, meravigliosa, ma adesso è arrivata la fine"?

Spesso si associa la fine di una relazione o di un matrimonio a un senso soverchiante di fallimento, da cui è impossibile o troppo doloroso rialzarsi, in cui va distrutto tutto, naufrago non solo il cuore ma anche l'intero sistema familiare. Io non credo che sia così, e parlo da figlia di genitori che si sono separati quando ero ancora piccola. Separarsi quando si hanno figli non equivale – o non dovrebbe significare – buttare via tutto ciò che si è costruito, ma significa continuare a crescere con quella persona trovando un nuovo terreno di complicità, che non è più il terreno dell'amore, della passione, del sentimento, ma è un terreno di scambio limitato alla genitorialità.

Anche io ho fatto l'esperienza della separazione. Non è mai facile, perché attuarla vuol dire passare da un nucleo compatto a nuclei che comunicano fra loro e in cui sono previsti degli elementi mobili: i figli. È una fase complicatissima, in cui come minimo si è nervosi, e in cui a volte non si riescono a tutelare i figli al meglio, finendo per trascinarli nel gorgo delle incomprensioni o, nel peggiore dei casi, usandoli come arma di ricatto.

Con il papà delle mie figlie mi sembra che siamo riusciti a fare questa transizione, e sono molto contenta, è andato tutto nel migliore dei modi ed entrambi ci siamo risposati. Sono convinta che se non ci fossimo lasciati, accontentandoci della mediocrità emotiva e sentimentale che negli ultimi tempi aleggiava in casa, saremmo stati l'uno il limite dell'altro e avremmo solo danneggiato il benessere e la serenità delle bambine. Invece, ci siamo andati a cercare ciascuno la propria felicità, senza per questo mancarci di rispetto o ferirci gratuitamente. Il rispetto e la fiducia, in una coppia, non servono solo a sostenere il rapporto, sono più che fondamentali anche quando ci si congeda.

Il non accontentarsi in una coppia ha senso però solo quando la finalità è migliorativa o liberatoria rispetto a una sorta di costrizione o di infelicità, e non è quindi squisitamente egoistica.

Ma perché di solito ci si accontenta di un matrimonio, di un lavoro, di una situazione che non ci fa più stare bene? Probabilmente, ancora una volta, è la paura la principale responsabile.

La paura è sempre la stessa – quella di cimentarsi in attività potenzialmente non commisurate alle nostre forze, di non essere all'altezza, di fallire – e ci induce spesso a rinunciare, e quindi, in ultima analisi, ad accontentarci.

A mio avviso, la rinuncia deriva anche da un doppio condizionamento sociale. Da un lato è come se la società ci invitasse a restare nella nostra serena mediocrità – così da non creare scompiglio. Questa apologia della "mediocrità" a livello sociale è probabilmente dettata da esigenze di controllo, ma è estremamente limitante, sia su un piano individuale, sia su un piano più allargato.

Dall'altro lato, è come se, incarnando la vocazione alla perfezione, la società non ci permettesse di fallire, inducendoci ad assegnare a un eventuale fallimento il significato di una disfatta assoluta. Il miglior modo, insomma, per generare una frustrazione di proporzioni collettive. Tra queste due alternative – la perfezione o la disfatta assoluta – per chi si colloca tra questi due opposti, cioè una buona fetta di popolazione, c'è solo la possibilità di alimentarsi di frustrazioni, senza avere la possibilità di digerirle, perché la società non ti fornisce l'enzima necessario a metabolizzarle.

La vita, però, è una e bisogna cercare di fare il meglio possibile, per se stessi, per chi si ama, per la società e il pianeta che ci ospita. Livellarsi sulla media significa essere privi di visione e di coraggio. Sposare la mediocrità significa condannarsi a un appuntamento mancato con la vita, che va invece vissuta intensamente, nella gioia e nel dolore. Risultati modesti, livellamento culturale, automatismo psichico, social usati come ipnotico di massa, ed ecco che accontentarsi diventa improvvisamente la soluzione più comoda e migliore per non dare nell'occhio e non avere inutili seccature o incorrere in imprevisti maggiori di quanto la vita già di per sé non riservi. *Sufficit et abundat* la vita insomma. Una vita devitaminizzata, però.

Accontentarsi, quindi, non mi pare un'opzione felice. Filtrando i condizionamenti sociali in modo intelligente e accantonando la perfezione, con la cartografia dei propri limiti davanti, proviamo a superarli. Spesso questa scelta, oltre a non essere automatica, richiede tempo. È un processo doloroso e, per affrontarlo, abbiamo bisogno di un ingrediente fondamentale: la forza di volontà. Senza non è possibile affrontare alcuna difficoltà, non è fattibile contrastare la fatica necessaria a qualsiasi tipo di trasformazione. Si torna immediatamente al punto di partenza, al conflitto irriducibile tra perfezione assoluta e fallimento totale, e quindi all'unica via praticabile: la mediocrità.

La forza di volontà è uno strumento potentissimo, e se ben coltivata fin da piccoli si perfeziona in determinazione, qualità necessaria per attraversare qualsiasi tipo di bufera, ottenere buoni risultati o compiere grandi imprese. Anche qui, però, bisogna fare attenzione al principio etico e a non danneggiare l'altro. Se la determinazione non è posta al servizio di fini nobili, diventa pericolosissima, sia nelle piccole cose e nei piccoli gesti, sia in quelli grandi.

Non si pensi che questa non sia una scelta. Lo è. E non si pensi che non ci voglia forza di volontà per scegliere tra vantaggio per sé o vantaggio per gli altri. Ce ne vuole tantissima e le trappole, lungo il percorso, possono essere molte. Due, però, secondo me, sono i punti di snodo importanti, a partire dai quali un progetto può prendere una direzione etica o meno: l'anima del progetto, cioè la sua finalità, e l'utilizzo che se ne fa.

La determinazione che la start-up californiana Sway, guidata dall'imprenditrice Julia Marsh, con un'esperienza pregressa nel packaging, ha impiegato nel creare un materiale totalmente biodegradabile a base di alghe marine in sostituzione della plastica è ammirevole, per esempio. Ha infatti dato un contributo ad affrontare un problema grave che ci riguarda tutti, aprendo una pista nuova e riuscendo a trarre dalla natura qualcosa di utile per salvaguardare la natura stessa. La determinazione che invece, tramite la profilazione e la psicometria, viene impiegata per tracciare i nostri desideri e il nostro orientamento attraverso l'analisi delle nostre attività online al fine di bombardarci di pubblicità ogni volta che apriamo una qualsiasi pagina web, è un esempio decisamente meno virtuoso.

Il principio etico è determinante, soprattutto quando le potenzialità di uno strumento, come è il caso dell'intelligenza artificiale, sono molteplici. Del resto, non è facile prevedere i possibili sviluppi di una scoperta, a maggior ragione se di grande portata, perché spesso si evolvono in corso d'opera, sfuggendo al controllo o aggirando i sistemi normativi. L'IA sta già condizionando le nostre vite e sta trovando applicazione in molti ambiti, ma non sempre il bene della collettività è l'obiettivo finale, e non mancano i risvolti inquietanti: gli *stalkerware*, ad esempio, sono software che consentono di controllare l'attività su un dispositivo, e sono stati ideati per consentire ai genitori di controllare le attività online dei propri figli allo scopo di evitare che accedano a contenuti inappropriati. Uno strumento utile e legale, certo, ma anche pericoloso, qualora se ne stravolgesse la finalità, riconfigurandolo come strumento di controllo e manipolazione di massa.

Un altro problema rappresentato dall'intelligenza artificiale è il lavoro. L'IA supplisce a moltissime attività prima svolte dall'uomo in modo efficiente, rapido e senza sbavature. Il ritorno sull'industria in termini di produzione e guadagno è evidente. Altrettanto evidente, però, la perdita del posto di lavoro di molti addetti qualificati, sostituiti dalle macchine. Trecento milioni di persone potrebbero essere lasciate a casa, secondo lo studio condotto da Goldman Sachs.

Un esempio positivo, invece, è l'utilizzo degli algoritmi per prevedere la diffusione delle epidemie – la cosiddetta epidemiologia computazionale – o gli andamenti del mercato finanziario, metodo che consente di intervenire prima o perlomeno con un tempismo sufficiente per evitare disastri. Gli algoritmi consentono di accumulare infatti una quantità di dati impressionante, da cui si possono creare dei grandi database socioeconomici a seconda delle aree che si vogliono studiare. Attraverso la simulazione dei dati, si riescono a ottenere possibili scenari e si possono tracciare modelli predittivi, importanti per attivare piani di intervento su ampia scala. In questo modo è stato possibile, per esempio, prevedere l'andamento dell'epidemia Zika in America latina, come racconta il fisico Alessandro Vespignani nel bel libro *L'algoritmo e l'oracolo*.

L'intelligenza artificiale è un campo minato, ma è l'esempio perfetto di come si possa direzionare uno strumento in modo diverso, per fini etici e utili alla comunità o per fini manipolatori o controllanti. La scelta alla base c'è sempre, e non si pensi che le scelte sull'intelligenza artificiale le facciano delle macchine. No, le facciamo noi, sono persone che scelgono di usare i nostri dati in un modo o in un altro. Per questo è fondamentale che ognuno, nel suo piccolo, faccia il suo meglio per dare il massimo senza nuocere.

Per quanto riguarda la crisi climatica, invece, c'è qualcosa che non riesco bene a capire: com'è possibile che stiamo mandando navicelle su Marte, e poi non abbiamo ancora trovato A) una soluzione per la fame in Africa, B) una soluzione per il cambiamento climatico e quindi l'avanzare della desertificazione, C) la possibilità di dissetare chi non ha accesso all'acqua potabile. Com'è possibile? Ci stiamo forse in un certo senso accontentando? Stiamo mandando tutto al diavolo perché è meglio non pensarci? Stiamo mettendo davvero tutte le nozioni e le scoperte tecnico-scientifiche al servizio dell'umanità? Com'è possibile che ancora non abbiamo trovato il modo di conservare l'oro del futuro, l'acqua?

Indubbiamente qualcosa si sta facendo, ma poco, perché queste risorse intellettuali, tecniche e scientifiche sono asservite – a proposito di scelte – a due entità: la comodità e il denaro, a loro volta messi a disposizione dei paesi più sviluppati. A oggi sono 59 le guerre in corso nel mondo, la media di persone affamate nel mondo è di 735 milioni, secondo il rapporto ONU 2023, mentre due miliardi di persone soffrono la sete, stando ai dati della conferenza ONU sull'acqua del 2023. Com'è che non ci entra nel cervello che questo scenario potrebbe prospettarsi anche ai nostri "comodi" figli?

Quest'estate, ci sono stati dei picchi di calore, anche in Italia, davvero preoccupanti, con temperatura che nel Meridione hanno raggiunto i 40 gradi – la Sardegna ha superato i 45 –, mentre in Cina si sono toccati i 52 gradi. Eppure, nonostante ciò, quello che mi stupisce è che, a livello collettivo, stiamo optando per una rimozione o negazione di ciò che sta già succedendo. Non vogliamo ammettere che questi cambiamenti stiano già avvenendo sotto i nostri occhi e sulla nostra pelle, e quindi rimuoviamo il problema, sperando che passi. Da un lato è comprensibile, perché il singolo individuo non può fronteggiare da solo il disastro climatico. Nel mio piccolo mi sento impotente: in casa, con le mie figlie e i miei amici, parliamo di attualità e crisi e più ne parliamo più mi sento impotente, perché è chiaro che la mia opinione personale non può contrastare in nessuna maniera il corso degli eventi. Rimango in attesa, e forse mi rifugio anche io nella speranza, e mi auguro che gli scienziati sbaglino e che sia una transizione geologica naturale, un ciclo, e che poi tutto torni nella norma. Quale altro strumento ho io, come individuo, oltre alla speranza e l'adozione di comportamenti virtuosi? Anche comportandomi in maniera integerrima non posso in alcun modo influire sulle temperature raggiunte in Cina e questo aumenta esponenzialmente lo smarrimento. Possiamo solo affidarci alla genialità degli scienziati e alla loro capacità di aprire nuove piste e alla solerzia dei governi nell'attuare misure efficaci o che perlomeno abbassino i tanti rischi a cui ci troviamo esposti.

Purtroppo, però, nei nove anni passati a *Kilimangiaro*, i numerosi scienziati che ho invitato per aiutarci a capire le tendenze e ad aggiornarci sulle ultime scoperte o idee, mi hanno dato tutti la stessa risposta: alcune soluzioni ci sono, ma nessuno dei paesi occidentali vuole adottarle perché richiederebbe dei sacrifici e delle rinunce che nessuno è disposto a fare. E, oggi come oggi, nemmeno Cina e India, al primo e terzo posto dei paesi più inquinanti, sembrano voler sentire ragioni.

Un esempio su tutti, il caso della legge olandese sugli allevamenti, fortemente contrastata dagli allevatori stessi. I Paesi Bassi, infatti, in Europa hanno il più alto tasso di inquinamento da azoto, dovuto all'allevamento di bestiame. Gli animali allevati sono 100 milioni su una popolazione umana di 17 milioni: una sproporzione incredibile, che forse dovrebbe farci riflettere sul consumo di carne. Per contrastare l'inquinamento, l'unica soluzione è ridurre drasticamente gli allevamenti, e il governo ha proposto tre opzioni, di cui solo la prima è stata approvata dalla Commissione europea. È più osteggiata e prevede, per un tempo limitato, che l'allevatore venda allo stato il proprio allevamento in cambio del 120% del suo valore. La seconda opzione è l'adozione di parametri più sostenibili e la terza è il "trasferimento" delle aziende in altri territori. Quali non è dato sapere. La cosa ha scatenato le ire degli allevatori che non sono assolutamente disposti a rinunciare alla propria attività. Dopo numerose proteste di piazza, hanno costituito un partito, il Boer Burger Beweging BBB (Movimento civico dei contadini), che se nel 2021 aveva ottenuto solo un seggio in parlamento oggi ne conta almeno 15, configurandosi come una vera e propria forza di opposizione.

Vedremo cosa succederà, quel che è certo è che normalmente, finché si può, la responsabilità la si scarica fuori, chiedendo ai paesi in via sviluppo di rinunciare a quelle risorse o tecnologie di cui noi abbiamo già largamente beneficiato anzitempo e grazie alle quali questi paesi iniziano adesso ad arricchirsi. Noi gli diciamo: "Eh no, perché è inquinante". Quando questa strada non è percorribile, come nel caso dell'Olanda, il rischio di disordini sociali è molto elevato.

La verità è che non siamo disposti a rinunciare a niente, a sacrificare una parte per il tutto. Se togliendoci il 5% delle risorse potessimo salvare quelli che muoiono di fame, non lo faremmo. Non rinunceremmo, perché quel 5% sarebbe, al contrario, il margine di profitto che vogliamo ottenere. Quindi, per non rinunciare, cosa facciamo oltre a far pagare agli altri i danni da noi causati? Fingiamo di non vedere, spostiamo più in là sulla linea temporale la risoluzione dei problemi, o ci limitiamo a intervenire quando ormai il danno è fatto.

A tal proposito, illuminante per doverosa spietatezza è stata l'intervista all'ANSA del mio amico e collega Mario Tozzi, geologo, in cui, dopo aver detto che fenomeni come quelli in Emilia-Romagna saranno sempre più frequenti e violenti «fuori dalle regioni tipiche e dalle stagioni tradizionali», conclude: «Il clima sta cambiando per colpa nostra. Punto. Arrivederci e fine dell'intervista, perché non è che si può poi dire tanto altro se guardiamo le ragioni, solo che bisogna combattere a lungo contro chi propali dubbi su una materia scientifica in cui il dibattito fra gli scienziati si è già concluso, lo hanno già finito. È come se oggi volessimo mettere in dubbio la gravitazione universale. Lo potremmo fare a patto che gli oggetti incomincino ad andare verso l'alto [...]. Fino a che non accade questo, Newton aveva ragione, fino a che non ci sono altri dati, il clima cambia oggi per colpa delle attività produttive dei *Sapiens*»[10].

A me piacerebbe che ci fosse un briciolo più di spietatezza al giorno d'oggi, in termini di indicazioni, perché ho l'impressione che, dai piani alti, non vengano davvero dette le cose in modo chiaro. Ognuno di noi può essere più sensibile ad alcune tematiche o seguire, usando il buon senso, i consigli e le regole fornite dagli scienziati durante le loro apparizioni sulle reti televisive o nel corso di interviste radiofoniche. In casa mia, per esempio, d'inverno, la temperatura non supera mai i venti gradi, e avendo avuto per qualche anno un fidanzato australiano ho potuto toccare con mano cosa significa avere risorse d'acqua limitate. Grazie a quell'esperienza, ho messo in pratica semplici regole che mi permettono di evitare gli sprechi: docce brevi, rubinetti chiusi quando non serve, piante innaffiate il giusto e con attenzione. Nonostante questi comportamenti nella mia famiglia siano consolidati, oggi mi chiedo se abbiano davvero senso e non trovo nessuno che mi dia conferma o smentisca le mie supposizioni. Ha un impatto chiudere il rubinetto mentre ci si lava i denti? Vorrei che qualcuno mi dicesse qualcosa e non credo di essere la sola. Abbiamo avuto l'esempio, drammatico, durante il Covid, di regole da seguire strettamente per tutelare noi stessi e gli altri. Perché si grida alla catastrofe ma nessuno ci dice, per esempio, di fare solo

10 www.ansa.it/sito/videogallery/italia/2023/05/20/maltempo-tozzi-avremo-accelerazione-di-questi-fenomeni_4553e6ff-3b98-441b-bda9-c83f00f6ae85.html

due docce alla settimana? Chi ha sviluppato un minimo di sensibilità verso l'ambiente e la pesante transizione che ci aspetta probabilmente ha già aumentato l'attenzione e si sforza di essere parco e rispettoso, ma in tanti avrebbero bisogno di indicazioni chiare. Avremmo bisogno tutti di avere linee guida precise a cui attenerci, invece che di "una mano sugli occhi".

Ognuno ha la sua vita e le sue esigenze, ma un decalogo di regole da seguire a livello collettivo ci vorrebbe. Se a me dicessero di non ricorrere agli aerei, farei molta fatica, perché viaggio per lavoro e nella vita, ma già utilizzo i treni laddove è possibile e in città prediligo la bici o i mezzi pubblici. Sono disposta a fare a meno di tante altre cose: la bottiglia di plastica, le luci sempre accese in tutta la casa, l'aria condizionata quando non è strettamente indispensabile. Forse sarebbero utili restrizioni simili a quelle imposte durante l'emergenza pandemia, da adottare in forma preventiva, senza che per questo si gridi alla dittatura degli scienziati o delle commissioni scientifiche. Temo che alcune limitazioni si renderanno necessarie, ma credo anche che se fossero graduali e potessero affiancare tecnologie e strumenti più importanti, forse ciascuno, nel suo piccolo, si sentirebbe più utile e sarebbe più invogliato a dare il proprio contributo.

Anche perché tanti degli strumenti per mitigare gli effetti del cambiamento climatico non sono ancora stati adottati e sono in attesa di passare il vaglio. Noi, allora, nel nostro piccolo, cosa possiamo fare nel mentre?

Una delle tecnologie sotto esame è la geoingegneria, che ha come obiettivo quello di raffreddare il pianeta mediante l'iniezione di aerosol stratosferico per schermare i raggi solari e l'iniezione di sale marino nelle nuvole per migliorarne la capacità di riflettere il sole, ma queste soluzioni pongono tutta una serie di problemi. Ne sono la prova l'istituzione, il 17 maggio 2023, a Parigi, della Commissione mondiale per la gestione dei rischi legati al superamento climatico e il rapporto di giugno dell'*Office of Science and Technology Policy* della Casa Bianca sui potenziali rischi e benefici della geoingegneria e sulla necessità di avviare una fase sperimentale in spazi aperti. Serve una soluzione concertata e bisogna essere certi che i vantaggi non superino gli svantaggi, aprendo la strada ad altre spinose problematiche. Tolti i dubbi di carattere scientifico legati all'efficacia di questa tecnologia, resta il solito interrogativo con plausibile risvolto horror: chi ne regolerà l'utilizzo? Si verrà a creare anche in questo caso un monopolio?

Sono questioni preoccupanti, a cui è difficile dare una risposta oggi. Gli interrogativi sono fin troppi e forse per questo c'è bisogno di risposte minime e indicazioni precise soprattutto sulla gestione quotidiana della vita. Quel che è certo è che bisognerà cambiare radicalmente struttura e pensiero se si vuole sopravvivere. Ancora Gaia Vince scrive che «dovremo passare collettivamente a una percezione di noi stessi come cittadini della Terra. Dovremo liberarci delle identità tribali per abbracciare un'identità "pan-specifica"»[11].

11 Gaia Vince, *Il secolo nomade*, Bollati Boringhieri, p. 15.

Passaggio niente affatto semplice, perché significa ribaltare completamente una visione arroccata e privilegiata e tornare a mescolare le carte abbattendo non uno ma mille muri di Berlino, invece che stare chiusi in casa con l'aria condizionata al massimo aspettando che magicamente le cose cambino da sole, ovviamente in meglio.

Gira e rigira, si torna sempre allo stesso punto: dobbiamo riappropriarci della nostra capacità di adattamento e farne una vera e propria risorsa, una vera e propria arma di combattimento contro le tensioni disgregatrici così come quelle accentratrici. Dovremo adattarci alla solidarietà, perché saremo tutti sulla stessa barca, sperando non sia quella di Noè.

Anche perché un'altra cosa sembra più che chiara: le cose cambieranno comunque, obbligando *tutti* alla scomodità. Il cambiamento climatico, la sovrappopolazione e la scarsità di risorse smantelleranno pezzo dopo pezzo le caste. Presto o tardi, come nel finale del film *Don't look up*, anche i più privilegiati tra i privilegiati dovranno pagare pegno.

Domani non avremo le possibilità che abbiamo oggi, il nostro margine d'azione e di scelta sarà senz'altro ridotto dallo *ziqqurat* di problemi che ci sta sovrastando. Tanto vale togliersi qualche piccolo lusso, invece di rimanere attaccati a ciò che si ha cercando sempre la via più comoda o più profittevole, e fingendo di essere pronti a fare sacrifici. Inutile insomma gridare a gran voce che si è disposti a rinunciare quando, se si proponesse – in assenza di una vera emergenza – di razionare l'acqua dalle 8 di sera alle 6 del mattino per evitare gli sprechi, ci sarebbero manifestazioni di piazza per sedare le quali lo stato dovrebbe stanziare un extra budget per i lacrimogeni. Se il gioco si fa duro, insomma, nessuno ci sta più, o meglio, noi occidentali non ci stiamo più, attaccandoci con le unghie e con i denti ai nostri privilegi, a meno che, come è accaduto durante il Covid, la minaccia non sia reale e ne vada della nostra vita.

Il punto, però, è che questa situazione ci sta *già* toccando direttamente. Lo schiaffo è planetario, quindi distribuito su tutta la superficie. Intaccherà l'intero pianeta, come fosse un fungo che corrode tutti i rami e il tronco e le foglie dell'umanità. Non sentiamo ancora il bruciore sulla nostra faccia, ma lo schiaffo è già partito. E la mano è gigantesca.

Sembra un controsenso: ci accontentiamo di non utilizzare pienamente il nostro potenziale, di non strizzare la nostra intelligenza al massimo, di non lasciare spazio alla nostra piena espressività, e non sappiamo invece accontentarci del livello di benessere che abbiamo raggiunto, arrivando addirittura a sprecare beni alimentari, lasciati a scadere nel nostro frigorifero come fossero idoli arcaici destinati all'oblio. Anche in questo caso bisogna fare un'inversione: non accontentiamoci dei nostri risultati, ma accontentiamoci del benessere che abbiamo raggiunto senza diventare schiavi della bulimia consumistica. Le nostre risorse personali sono preziose, così come lo sono quelle del pianeta: non sprechiamole.

7

Tuteliamo i sogni

«Il nostro dovere reale è preservare il nostro sogno» diceva Modigliani. Questo monito folgorante è stato recentemente riportato dallo psicologo Paolo Crepet durante uno dei suoi interventi, in cui sottolineava il significato di "dovere reale", che è ancora più forte del "dovere morale", proprio perché ha una connotazione laica, si identifica cioè con ciò che ciascuno è chiamato a fare per la propria vita, per la propria felicità. Non ci si può arrendere di fronte alle difficoltà, se non si vuole incorrere nel rimpianto di non aver fatto ciò che avremmo potuto fare perché ci siamo dati delle comode scuse, assumendo anche magari un atteggiamento di forte critica verso alcune realtà senza però fare nulla per provare a cambiarle, anche in piccolo. Se ci facciamo intrappolare dalla comodità, le vere vittime, alla resa dei conti, siamo e saremo solo e soltanto noi.

Per riuscire a preservare i nostri sogni dobbiamo poterci sentire liberi di esprimerci. Invece spesso dipendiamo dall'approvazione degli altri, o non vogliamo disattendere le sottili aspettative sociali, che ci vengono costantemente propinate dai social e dai media tradizionali. Voler piacere per forza a tutti, desiderare che tutti ci dicano che siamo bravi, belli e buoni, che ci mettano i like ai post, però, riduce il nostro spazio di azione. Giocoforza, ci appiattiamo a un'omologazione che non ci permette di essere individui, perché se così fosse andremmo incontro alla disapprovazione di qualcuno. Difendere i nostri spazi e non consentire agli altri di "deviarci" dal nostro percorso se la scelta che abbiamo fatto è importante e migliorativa per noi è un dovere reale. Non diamo troppo peso a opinioni che ci distolgono dai nostri obiettivi. Ci sarà sempre qualcuno che non è d'accordo, ma ci sarà sempre anche qualcuno che ci sostiene. Meglio mantenere un pensiero libero, indipendente, coerente e aperto, che non teme il confronto e che anzi si presta a essere posto al centro di un dibattito.

In passato, nel corso della storia, a partire dall'antica Grecia e dai suoi retori – come Demostene o Lisia –, prendere posizione era un'attitudine molto più rispettata e diffusa di quanto non sia oggi. E si nutriva nei confronti dell'avversario una stima, ricambiata, che ai nostri giorni manca all'appello. Oggi si è un po' perso il gusto per il dibattito. La tendenza è quella di conformarsi, e la ragione di questo sottrarsi, ancora una volta, va rintracciata nella paura di venire disapprovati. Se ci liberassimo di questa paura, esprimendo più liberamente un pensiero che magari è solo nostro, perché frutto della nostra personale esperienza, arricchiremmo di più la società.

Non esiste una società democratica sana che si pasce di un pensiero unico e progredisce sulla base di quello. Anche le idee hanno bisogno di mantenersi elastiche, dinamiche, di poter essere destrutturate, cambiate. Un pensiero unico, monolitico, ottuso, privo di inventiva rallenta la nostra corsa. Così non si va da nessuna parte. L'evoluzione e il progresso di una società sono garantiti da una contrapposizione e da un confronto costruttivo di idee, che possono e devono essere anticonvenzionali in certi casi.

Il contributo di ciascuno di noi può essere importante. L'intelligenza deve poter danzare, non lasciamola nell'area di comfort a fare timidi tentativi di allungamento. Mettiamola al servizio dei nostri figli, del nostro presente, del nostro futuro. Solo così potremo trasformare la società dal di dentro. Altrimenti, a furia di collezionare "avrei voluto ma", non facciamo nulla, perdendo anche il potere trasformativo del nostro immaginario, la nostra capacità inventiva.

Se si hanno delle idee, se si pensa di poter dare un contributo, bisogna lasciar perdere condizionamenti e agire.

Invece è come se noi ci aspettassimo, di nuovo, che lo facesse qualcun altro al posto nostro, in questa logica del «demandare» e del non assumersi la responsabilità in prima persona che puzza già di rinuncia. Cosa facciamo, aspettiamo che lo facciano i nostri figli? Io scrivo da cinquantenne, ma forse spetta a noi impostare una società diversa, imperniata su valori di dialogo. Non ha importanza se all'inizio nessuno ci segue, è probabile che i nostri primi passi li muoveremo da soli. Quando le fondamenta saranno costruite, gli altri poi arriveranno. Per riuscire in questo, per non essere costretti a tornare indietro dopo i primi, insicuri tentativi, bisogna fare nostro il concetto di leadership, bisogna stanare, ancora una volta, il coraggio e farci guidare da esso.

Come dice Marchini *sensei*, «il coraggio è fare quello che si deve fare. Risposta che immediatamente fa nascere un'altra domanda: come si fa a sapere quello che si deve fare? Penso che questo sia il punto. Secondo me, dove c'è incoscienza non ci può essere coraggio. Il coraggio presuppone, infatti, la consapevolezza che vi saranno delle conseguenze prevedibili che vanno valutate e delle conseguenze imprevedibili che vanno accettate. Se sono consapevole di queste conseguenze, allora penso si possa parlare di coraggio. E questo vale ancora di più per le piccole azioni di coraggio che quasi ogni giorno la vita ci invita a fare. Dire "no" o "sì", ben sapendo che questo avrà delle conseguenze prevedibili e imprevedibili, questo è coraggio. Il coraggio va al di là del risultato, ma non può non considerare le conseguenze che questo risultato può portare. Il karate insegna che ogni azione, ogni minima azione, ha una sua conseguenza».

Il coraggio richiede tutta la nostra presenza, tutta la nostra consapevolezza, e si potenzia attraverso la generosità. Nella vita di tutti i giorni, il coraggio è la consapevolezza di quello che stiamo facendo in ogni momento, senza concederci sconti, senza rimandare, rispondendo in maniera positiva alle sfide nel rispetto degli altri. È la qualità necessaria per riuscire a sostenere la scomodità dettata da una scelta o da un pensiero non in linea con quello della maggioranza o con quello veicolato dalla società.

Se lavoreremo senza usare scorciatoie, se sapremo essere pazienti, se sapremo sacrificare qualcosa, se saremo costanti e disciplinati, se non perderemo la fiducia in noi stessi e daremo il giusto peso a eventuali critiche, accettando di non poter piacere a tutti, se saremo generosi, coltiveremo il coraggio e potremo preservare il nostro sogno.

Se ci confineremo nella zona di comfort, invece, coltiveremo la pavidità, aumentando esponenzialmente il rischio di trovarci impreparati al futuro. Se non troveremo il coraggio di attuare dei cambiamenti concreti e fare delle rinunce, non ci sarà e non ci potrà essere un futuro rigoglioso, ma forse ci aspetterà un futuro di privazioni. Cominciamo a pensarci fin da subito: cosa siamo disposti a perdere?

Quest'estate ho avuto l'impressione che ci trovassimo dentro un pentolone pronti per essere cotti e mangiati. La Terra sta andando letteralmente a fuoco, da giugno a settembre è stato un continuo rimpallo di notizie di incendi e fenomeni meteorologici estremi. In Grecia, dove ho trascorso l'estate, si sono verificati dei roghi mai visti, ed è recentissima la notizia di nuovi incendi nel Nord del paese, al confine con Bulgaria e Turchia, che hanno causato una ventina di morti e distrutto parzialmente il Parco nazionale della foresta di Dadia-Lefkimi-Soufli, in Tracia. L'Unione europea, che ha inviato mezzi di soccorso supplementari, l'ha definito il peggior incendio sul continente dal 2000, quando si è iniziato a raccogliere i dati relativi agli incendi in Europa. Da due anni, sempre in Grecia, è salita la temperatura dell'acqua. Me ne sono accorta perché, facendo il bagno, non ho sentito più quel leggero brivido iniziale, quella piccola morsa così piacevole che ti serra il corpo nei primi dieci secondi.

Anche in Italia non è andata molto meglio: dalla Sicilia all'isola d'Elba, dalla Puglia alla Sardegna, il nostro paese ha bruciato con un'intensità incredibile in questa estate del 2023, per non parlare dell'isola di Maui, alle Hawaii, dove si è verificato l'incendio più letale nella storia degli Stati Uniti, con oltre 100 morti, e più di 2.200 edifici distrutti.

È vero che la stagione estiva è teatro di roghi da sempre e che tanti incendi sono di natura dolosa – «La gran parte degli incendi in Italia è innescata dalla criminalità. Da gennaio a luglio 2023 sono andati a fuoco più di 51.000 ettari di territorio, una superficie pari a 73.000 campi da calcio. E il 72,5% di questi incendi è doloso»[12] diceva un recente articolo su «Wired» –, ma a me quest'anno lo scenario planetario è apparso apocalittico. Mi figuro un'umanità asserragliata in un forno, come se tutto si stesse riscaldando e al posto del brodo primordiale ci ritrovassimo a mollo nel brodo finale. Mi chiedo sempre più frequentemente – di certo non sono l'unica – se sarà ancora possibile vivere in alcuni paesi o se il riscal-

12 www.wired.it/article/incendi-italia-criminalita-organizzata-mafia/

damento aumenterà esponenzialmente il fenomeno migratorio legato ai cambiamenti climatici, perché è chiaro che nessuno può abitare un territorio colpito dalla siccità con una temperatura che raggiunga anche i 50 gradi per alcuni mesi all'anno.

Abituarsi alla scomodità sarà davvero il meno se il quadro di quest'estate diventerà una condizione abituale, se cioè gli stati di emergenza si susseguiranno in modo sempre più serrato, se a estati roventi seguiranno alluvioni, e a terremoti succederanno uragani – come è accaduto sempre quest'estate in California, uno stato USA ciclicamente afflitto dalla siccità che è stato flagellato nello stesso giorno da un terremoto di magnitudo 5,1 e dalla tempesta tropicale Hilary –, qualora non saremo in grado di rallentare il riscaldamento climatico. Saremo costretti a cambiare radicalmente il nostro stile di vita.

Se adesso stiamo ancora giocando con quest'idea e la stiamo considerando una possibilità, la stiamo soppesando, guardandola di sottecchi e sperando di poterla confinare nel dimenticatoio, presto potrebbe diventare una realtà con cui fare i conti, senza via d'uscita. Saranno gli eventi a imporci un cambio di marcia, come è stato per il Covid. Una parte di me è ancora convinta che questi pensieri siano il frutto della paura e della preoccupazione per la sorte delle mie figlie e del pianeta, ma un'altra parte, più preponderante, li definisce pensieri realistici e visualizza a tutto campo la sberla planetaria. Mi auguro davvero che la politica e la scienza riescano insieme a fare qualcosa, forse cominciando a individuare quelle che sono le vere priorità dell'umanità, escludendo con fermezza logiche particolaristiche e di profitto.

È come se non fosse più possibile, da adesso in poi, guardare la realtà con gli stessi occhi con cui la guardavamo prima, come se non si potessero più utilizzare gli stessi parametri, avere gli stessi punti di riferimento, ma ci si dovesse adeguare molto rapidamente all'espansione accelerata di quest'era del cambiamento. Credo infatti che bisognerà essere pronti a ridisegnare interamente il nostro profilo umano, smantellando *formae mentis* che oggi sono diventate vere e proprie gabbie – come la supremazia dell'uomo sulla Natura –, smontando gerarchie e rimescolando tutti i pezzi che abbiamo a disposizione per dare vita, con intelligenza, a solidarietà possibili e soluzioni trasversali.

Ringraziamenti

Il primo grazie va ai miei amici Telmo Pievani, Hervé Barmasse e Stefano Mancuso, ospiti preziosi durante le puntate di *Kilimangiaro* e voci imprescindibili di questo libro: la loro conoscenza ed esperienza lo arricchiscono enormemente. Il secondo grazie va al maestro Dario Marchini, il cui pensiero è molto affine al mio: mi sono appoggiata alla sua saggezza per meglio sostanziare le mie idee. Un grazie speciale va a Francesca Coppola, con cui ho lavorato a strettissimo contatto per tradurre i miei pensieri su carta. Un sentito grazie alla mia agente Chiara Melloni e alla casa editrice Piemme, che mi hanno dato l'opportunità di concretizzare questo progetto.

Indice

Finito di stampare presso Grafica Veneta S.p.A.
Via Malcanton, 2 – Trebaseleghe (PD)

Piemme usa carta certificata PEFC
che garantisce la gestione sostenibile delle risorse forestali

Questo libro è fabbricato da Grafica Veneta S.p.A.
con un processo di stampa e rilegatura certificato 100% carbon neutral
in accordo con PAS 2060 BSI